POÉSIES

DE

PROSPER BLANCHEMAIN

TOME SECOND

FOI, ESPÉRANCE ET CHARITÉ

PARIS

AUGUSTE AUBRY

L'un des Libraires de la Société des Bibliophiles François

RUE DAUPHINE, 16

M D CCC LXVI

POÉSIES

DE

PROSPER BLANCHEMAIN

II

TOI qui m'as si tendrement chéri sur la terre, toi qui me protéges encore aujourd'hui du ciel où ton âme est allée, reçois l'hommage de ces vers que tu aimais, et dans lesquels peut-être survit un parfum de ton cœur.

Tu aurais été heureuse de les voir ainsi réunis.

Pourquoi faut-il que je ne puisse consacrer qu'au souvenir seul de ta tendresse ineffable, à la mémoire de tes pieuses vertus, ce livre que j'aurais déposé avec tant de joie sur tes genoux,

O MA MÈRE ADORÉE!

Et quoi que ce soit que vous demandiez
avec foi dans la prière, vous l'obtiendrez.
SAINT MATHIEU, ch. XXI, v. 22.

Bella, immortal, benefica
Fede ai trionfi avvezza,
Scrivi ancor questo....
A. MANZONI.

LA FOI.

A UN APOTRE MODERNE.

Prenez garde de ne pas refuser
d'entendre celui qui parle.
St Paul *aux Hébr.*, c. XII, v. 25.

I.

ÉJA ce peuple-roi qui portait les deux pôles,
A force de grandeur se créant des revers,
Avait senti ployer ses robustes épaules
Sous le fardeau de l'univers.

Le temps obscurcissait sa brillante auréole;
Son aigle s'endormait dans un repos profond,
Et l'écho murmurait, la nuit, au Capitole :
« Les dieux s'en vont! les dieux s'en vont! »

La croyance était morte et n'avait plus d'apôtre ;
Les cieux déserts roulaient des astres inconnus,
Et les peuples tremblants se disaient l'un à l'autre :
    « Les derniers jours sont-ils venus ? »

Il fallait au vieux monde une nouvelle idée ;
Il n'avait plus l'Olympe et pas encor le Ciel.
Un homme, nommé Jean, parut dans la Judée,
    Prêchant aux tribus d'Israël.

C'était un saint prophète à la voix fière et mâle ;
Il disait : « Ouvrez-vous, sentiers de l'avenir !
Je ne mérite pas d'essuyer la sandale
    Du Rédempteur qui va venir.

» J'arrive seulement prêchant la pénitence ;
Car le fils de David marche derrière moi.
Chante, ô Jérusalem, un hymne d'espérance :
    Voici ton Seigneur et ton Roi ! »

Alors Jérusalem prit ses habits de fête,
Monta sur sa colline, et regardant au loin,
Dit : « Où donc est celui qu'annonce le prophète ?
    Et d'où vient qu'il ne paraît point ? »

Sion ! malheur à toi !... Jésus fils d'une femme,
Jésus persécuté.... Sion ! malheur à toi !...
Jésus crucifié sur le Calvaire infâme,
    Voilà ton Seigneur et ton Roi !

C'est lui qui doit, sorti de ses voiles funèbres,
Renaître de la mort, et dans sa majesté,
Ainsi que le soleil qui chasse les ténèbres,
    Resplendir sur l'immensité!

II.

Apôtre! nous rentrons dans ces jours d'épouvante
    Où la terre mouvante,
Dans la convulsion d'un grand enfantement,
    Frémit jusques à ses entrailles.
D'un monde corrompu, qui se meurt lentement,
    Le Temps sonne les funérailles.

Voici que nous errons dans la nuit d'autrefois;
    De lamentables voix
Aux dieux d'un siècle impur lancent leur anathème;
Les premiers de jadis sont derniers aujourd'hui.
    Et le Maître suprême
A retiré son bras qui faisait leur appui.

III.

A chaque point du ciel une tempête gronde;
Des tonnerres nouveaux ébranlent ce vieux monde
    Sur ses antiques fondements;
La flamme qui dévore et demande à s'étendre

Tord dans ses bras de feu, brise et réduit en cendre
Les palais et les monuments.

La sanglante discorde et les guerres civiles
De meurtres inouïs épouvantent les villes;
    Les premiers-nés des nations,
Au lieu de vivre en paix et de s'aimer en frères,
Meurent en s'égorgeant et lèguent leurs colères
    Aux autres générations.

Le pâle choléra, ce monstre aux pieds rapides,
Qui couve l'univers sous ses ailes livides
    Et qui souffle un vent de trépas,
Confondant les vainqueurs, les vaincus pêle-mêle,
Moissonne avant la guerre et revient, après elle,
    Glaner dans le champ des combats.

L'Éternel, irrité de nos longues offenses,
Aurait-il déchaîné le char de ses vengeances
    Contre le monde épouvanté?
Et les astres des cieux, et les mers, et la terre,
Vont-ils s'anéantir, comme un fragile verre,
    Aux mains de la Divinité?

Non; car le siècle sent, au sein de la tourmente,
Quelque germe inconnu, qui dans l'ombre fermente
    Sur les dépouilles du passé,
Qui jette lentement ses profondes racines,
Qui va, resplendissant, s'élancer des ruines
    Du vieil univers renversé!

Car Dieu n'a pas de nous détourné son visage;
L'homme, né de son souffle et fait à son image,
    N'est pas encor déshérité;
Et, pour régénérer notre race maudite,
Déjà quelque Sauveur, prêt à naître, palpite
    Dans les flancs de l'humanité!

IV.

Et toi, nouveau saint Jean, avec ta voix austère,
    Avec ton élan chaleureux,
Tu parais, annonçant aux peuples de la terre
    L'Évangile rouvert pour eux.

Tu dis: « Venez vers Dieu, vous tous dont le cœur ploie,
    Humains fatigués de souffrir,
Et Dieu vous donnera l'espérance et la joie,
    Le baume qui doit vous guérir.

» Venez! vous qui pleurez les pleurs de la misère,
    Et l'on vous essuîra les yeux;
Venez! vous dont le front tombe dans la poussière,
    On l'élèvera vers les cieux. »

Alors le laboureur achève, avec ivresse,
    Le sillon qu'il mouillait de pleurs,
Espérant moissonner un jour dans l'allégresse
    Ce qu'il sema dans les douleurs.

La jeune travailleuse en t'écoutant s'arrête,
　　Se relève et sourit d'amour;
Comme le lis des champs, courbé par la tempête,
　　Renaît sous un rayon du jour.

Et le jeune soldat, dont le cœur plein de sève
　　Ne rêvait que d'exploits guerriers,
Gémit sur sa conquête; il ne veut plus de glaive
　　Que pour défendre ses foyers.

V.

Ainsi la Foi première, à ta voix revenue,
　　Nous verse les trésors du ciel.
En vain des cœurs pétris d'amertume et de fiel
　　L'ont proscrite et l'ont méconnue.

En vain, fiers de leur haine et de leur désespoir,
　　Ils ont renié ses merveilles;
En vain ils ont fermé les yeux et les oreilles,
　　De crainte d'entendre et de voir.

Malheur à qui sur elle entasse les outrages;
　　Car l'Éternel est son appui.
Victime impérissable et sainte comme lui.
　　Elle attend la fin des orages.

Qu'ils dressent donc la croix, qu'ils hâtent le bourreau!
　　Fille du Sauveur de la terre,

La Foi supportera comme lui le Calvaire,
    Et les douleurs et le tombeau.

Ils croiront que les vers en ont fait leur pâture;
    Mais que le réveil sera prompt!
Elle se lèvera soudain, brisant du front
    La pierre de sa sépulture.

Et tout tremblants encor, les yeux à peine ouverts,
    Ils chercheront en bas sa trace,
Que déjà, de sa gloire illuminant l'espace,
    Elle éblouira l'univers!

L'AIMANT.

SONNET.

La connais-tu, l'étoile immuable, éternelle,
    Qui brille au pôle froid ?
Il est un métal noir qui se tourne vers elle :
    Il la sent, il la voit !

Ce métal, c'est l'aimant; c'est le guide fidèle
    Que le marinier croit.
De l'œil il le consulte, et conduit sa nacelle
    Dans un sillon plus droit.

Il est de même en nous une sûre boussole;
Elle tourne à celui qui soutient et console,
    En tout temps, en tout lieu.

Cet infaillible aimant s'appelle conscience;
Le connaître et le suivre est toute la science,
    Car son étoile est Dieu!

L'ORAISON DOMINICALE,

PARAPHRASE.

A M. ÉDOUARD TURQUETY.

O SEIGNEUR ! à travers l'espace radieux,
    Où les mondes autour des mondes
Entrelacent sans fin leurs spirales profondes ;
Du sein des univers, des soleils glorieux,
Dans l'éther qui toujours finit et recommence,
    S'élève une prière immense :
O notre père à tous, notre père des cieux !

Et la création, ainsi qu'une captive
    Qui presse les genoux d'un roi,
Tressaillant de ferveur, de tendresse et d'effroi,
S'incline et se confond devant vous attentive ;
Ainsi qu'un vermisseau la terre est sous vos pieds,
    Sur le ciel vous vous asseyez :
Que votre nom soit saint, que votre règne arrive.

Vous êtes le seul grand ! l'éclair est dans vos yeux,
  Et vous parlez avec la foudre;
Comme le voyageur qui fait voler la poudre,
Vous pourriez balayer d'un geste insoucieux
Les mondes confondus dans un seul anathème :
  Que votre volonté suprême
Soit faite sur la terre ainsi que dans les cieux.

Car vous tenez sur nous une coupe inclinée,
  D'où les orages en fureur
Pourraient verser sans fin le désastre et l'horreur.
Mais la terre par vous n'est pas abandonnée;
C'est vous qui gouvernez l'aile de l'aquilon,
  Vous qui fécondez le sillon....
Donnez-nous aujourd'hui le pain de la journée.

Et l'homme, atome vain que toujours caressa
  Votre tendre sollicitude,
Flétrit tout par sa haine et son ingratitude !
Adoucissez le cœur qu'un autre cœur froissa,
Vous, le Dieu bon, le Dieu de toutes les clémences,
  Et pardonnez-nous nos offenses
Comme nous pardonnons à qui nous offensa.

L'existence est en butte à des piéges infâmes.
  Ainsi qu'un ravisseur de nuit,
Le démon tentateur nous épie et nous suit;
Est-il sur terre un bien à l'abri de ses flammes?
Est-il un bras si fort qu'il n'ait su le courber?
  Ne nous laissez pas succomber
A la tentation qui menace nos âmes!

Veillez sur nous! la vie est un chemin fatal
  Qui mène vers un but sublime,
Mais qui serpente, au flanc des monts, sur un abîme
D'où, semblable au vertige, un esprit infernal
Éblouit et surprend le passant misérable.
  Seigneur, soyez-nous secourable!
Seigneur, exaucez-nous! *Délivrez-nous du mal!*

Amen! Gloire à vous seul, au ciel et sur la terre!
  Ainsi les temps suivront les temps;
Ainsi, de cieux en cieux, les astres éclatants
Chanteront dans leur cours l'hymne sacramentaire,
Jusqu'à l'heure terrible où, jugeant les humains,
  Vous replongerez de vos mains
Les mondes en débris dans l'éternel mystère.

LARME ET PERLE.

A Mᶦˡᵉ CLOTILDE ARCHAMBAULT.

Où vas-tu, perle brillante
Qui sors du fond de la mer?
— Où vas-tu, larme brûlante,
De la douleur fruit amer?

— Moi, d'une couronne altière
Je vais orner le milieu.
— Moi, je porte la prière
Et le deuil d'une âme à Dieu!

LE RAMEAU BÉNIT.

ÉLÉGIE

COURONNÉE PAR L'ACADÉMIE DES JEUX FLORAUX.

Rameau vert, qu'à l'église une sainte parole
    Vient de bénir,
De la joie ou des pleurs m'offres-tu le symbole
    Dans l'avenir?

Es-tu fils du rameau que la colombe en marche,
    Par un beau soir,
Rapporta comme emblème aux habitants de l'Arche,
    Rameau d'espoir?

Ou viens-tu de ce buis qui penche au cimetière
    Son front en deuil,
Et de nos morts aimés ombrage la poussière
    Dans le cercueil?

2.

Mais non ! à ton aspect c'est l'espoir qui doit naître,
    Et non l'effroi :
Aujourd'hui, dans Sion, Jésus, le divin maître,
    Rentrait en Roi ;

Le feuillage et les fleurs jonchaient sa trace aimée,
    Et chaque Hébreu
Étendait son manteau sur la route embaumée,
    Aux pieds du Dieu.

Rameau bénit au nom du saint Fils de Marie,
    En qui j'ai foi,
Rappelle-moi le jour de la Pâque fleurie,
    Sacré pour moi.

Qu'une tendre pensée à tes feuilles s'attache
    Dans mon esprit ;
Couronne le vieux cadre où la Vierge sans tache
    Prie et sourit.

Protége mon sommeil, donne-moi d'heureux songes,
    Jusqu'aux instants
Où, pour moi, de quitter la terre et ses mensonges
    Viendra le temps.

Alors dans l'eau bénite on trempera ta feuille,
    Et chaque ami,
Rêveur, aspergera la terre qui recueille
    L'homme endormi.

Si mon départ suprême éveille quelque plainte,
  Quelques douleurs;
Si de rares chrétiens aux gouttes de l'eau sainte
  Mêlent des pleurs,

Rameau cher et sacré, parle à ces âmes sombres
  De pur amour;
Dis à ces cœurs brisés qu'ici-bas sont les ombres,
  Là-haut le jour.

Toi qui fêtas en roi, dans sa marche adorée,
  Le Dieu mortel,
Présage encor l'espoir et fête aussi l'entrée
  D'une âme au ciel.

DANS LE BOIS.

La matinée est tranquille;
Le grillon chante aux guérets,
Et le bois offre un asile
Où l'existence est facile,
Où l'air est limpide et frais.

On entend sous chaque tige
Un confus bourdonnement;
C'est l'insecte qui voltige,
La fourmi qui se dirige
Et travaille activement.

Sous l'ombrage un oiseau passe,
Il se cache et reparaît;
Il lance un chant dans l'espace,
Et le suspend avec grâce,
Puis se perd dans la forêt.

La brise s'élève et glisse
Dans le bois silencieux,
Qui s'agite avec délice;
La fleur ouvre son calice,
Et l'insecte est plus joyeux.

Aucune voix n'est bannie
De ce doux concert des bois;
Tout ajoute une harmonie
A cette hymne indéfinie
Que chantent toutes les voix.

Depuis le cri dans les herbes
De quelque insecte joyeux,
Jusqu'au bruit des chars superbes
Qui rentrent chargés de gerbes
En grinçant sur leurs essieux;

Depuis la cloche fidèle
De quelque hameau lointain,
Jusques au troupeau qui bêle,
Et dont la clochette grêle
Jette un murmure argentin,

Rien n'est vain, rien n'est frivole,
Dans cet hymne universel;
Tout ajoute une parole
Au mystérieux symbole
Que la terre adresse au ciel.

Spectacle heureux qui dispose
Notre âme au calme profond !
Ici vivre est douce chose :
Ce bruit agreste repose
Du bruit que les hommes font !

Cette nature féconde
Sous le ciel limpide et bleu,
Ce calme où la vie abonde,
C'est la prière du monde
Sous un sourire de Dieu.

Les Hâtes, 20 août 1837.

LA FILLE DE JAÏRE,

POÈME.

A M. AUGUSTE LE PRÉVOST,

MEMBRE DE L'INSTITUT.

> Il la prit par la main et lui dit :
> « Talitha cumi; » c'est-à-dire : ma
> fille, levez-vous, je vous l'ordonne.
> SAINT MARC, ch. v, v. 41.

En passant vers le soir sur le chemin aride
Qui de Capharnaüm conduit à Bethsaïde,
Jadis le voyageur, dans la verte saison,
Apercevait de loin une blanche maison.
Deux palmiers lui formant un gracieux portique,
Devant elle, enlacés par une vigne antique,
S'élevaient, et la vigne en berceau les suivant,
Étendait sur le seuil son ombrage mouvant.
Par des platanes verts de tout bruit isolée,
Qu'elle était belle alors, d'ombre à demi-voilée,
Quand le soleil, plongeant dans l'espace éternel,

Teignait de pourpre et d'or les cimes du Carmel,
Et que le lac d'azur, où glissait quelque voile,
S'argentait aux clartés de la première étoile.

Par un dernier rayon les monts étaient rougis :
Jaïre retournait vers ce riant logis,
Quand des gens attroupés interrompent sa route.
Debout, au milieu d'eux, un homme qu'on écoute,
Un homme au noble geste, à la puissante voix,
Tient suspendus les pas et les cœurs à la fois.
C'est Jésus! — Curieux d'entendre les paroles
De celui dont Juda redit les paraboles,
Jaïre malgré lui s'arrête, obéissant
A la voix du prophète, à son charme puissant.
Viennent alors des gens qui de Tibériade
Apportaient un perclus, depuis longtemps malade.
Or Jésus s'approchant suivi de ses amis :
« Ayez foi, lui dit-il, vos péchés sont remis. »
Jaïre l'écoutait et pensait en lui-même :
« Cet homme est fou sans doute, ou plutôt il blasphème! »
Jésus, qui dans son cœur lisait son peu de foi,
L'aborde en souriant : « Pourquoi laisser en toi
Fermenter ce levain de mauvaise pensée?
Quelle chose en effet te semble plus aisée
De dire : Vos péchés vous sont remis! ou bien :
Levez-vous et marchez! — Or donc, Pharisien,
Pour qu'il te soit prouvé que le fils de la femme
Peut délivrer le corps comme il délivre l'âme,
Debout! ajouta-t-il, s'adressant au perclus :
Emportez votre lit; allez! ne péchez plus! »

Or le paralytique, à cet ordre suprême,
Se leva, prit son lit et l'emporta lui-même.
Puis Jésus s'éloigna. Le groupe dispersé,
Jaïre poursuivit son chemin commencé.
En foulant à pas lents le sentier solitaire,
Il songeait à cet être entouré de mystère;
Mais son orgueil, rebelle au pouvoir du Sauveur,
Ne voulait voir en lui qu'un fourbe ou qu'un rêveur.
Il ne comprenait pas, homme à l'étroit génie,
A tant d'humilité tant de grandeur unie.
Le Messie, à ses yeux, devait sur l'univers
Tonner comme un orage environné d'éclairs;
Mais un homme humble et doux qui, partout faisant grâce,
Bénissant qui le hait, plaignant qui le menace,
Passait sur cette terre en répandant le bien,
Cet homme-là n'était qu'un vil magicien.

Il marche, et cependant, sous la blanche demeure
Que d'un rayon si doux le jour mourant effleure,
L'enfant de son amour, la belle Séphora,
Dont un mal inconnu tout à coup s'empara,
Gémissante s'agite; une livide fièvre
Enflamme son regard et contracte sa lèvre.
Attentive à ses maux, souffrant plus qu'elle encor,
Sa mère est là, veillant comme sur un trésor,
Pâle d'inquiétude et de pleurs inondée.
« Mère, dit Séphora, Dieu m'a redemandée.
Mon cœur va se briser; mes jours sont révolus.
Soleil, qui disparais, je ne te verrai plus!

» — Dieu nous chérit, ma fille ; il veut que l'on espère !

» — Que seulement je puisse encor revoir mon père.
Mes yeux seront fermés s'il tarde à revenir ;
Car mon heure est prochaine et le temps va finir.
O Jaïre ! ô mon père ! et toi, mère adorée,
Par moi votre vieillesse eût été vénérée.
Qui donc remplacera l'enfant de votre amour,
Pour vous veiller la nuit, pour vous servir le jour ?
Et toi, que feras-tu sans ta fille sur terre ?
La nuit, tu pleureras ta douleur solitaire ;
Et quand luira l'aurore à l'horizon lointain,
Tu ne recevras plus le baiser du matin.
Le ciel ne peut vouloir que je te sois ravie ;
Pour lui ma mort n'est rien, et tu vis de ma vie.
Oh ! t'embrasser demain, revoir le jour, guérir !...
Sauve-moi ! sauve-moi ! je ne veux pas mourir ! »

Sa mère, en écoutant ces cris de la souffrance,
Le désespoir au cœur lui parlait d'espérance,
Lui souriait en face, et, cachant ses douleurs,
Vingt fois se détournait pour essuyer ses pleurs.

Séphora faiblissait sous l'atteinte cruelle,
Lorsqu'arriva Jaïre. A l'horrible nouvelle,
Il s'élance : « O ma fille !... » Elle n'entendait pas,
Et sur son front flottaient les pâleurs du trépas.
En voyant expirer son enfant, son idole,
Jaïre, l'œil éteint, sans force, sans parole,
Pleurait. Mais tout à coup, à ce spectacle affreux,

Un rayon a brillé dans son cœur douloureux.
L'orgueil pharisien, voile obscur de sa vue,
Se dissipe aux clartés d'une flamme imprévue ;
La foi qu'il méprisait dans ses regards a lui :
Il croit, espère, adore, et Dieu même est en lui.
« O Jésus ! disait-il en frappant sa poitrine,
Pour avoir méconnu ta mission divine,
Jésus, c'est trop punir mon incrédulité !
Ta puissance n'a rien d'égal que ta bonté ;
Tu remets les péchés ; tu veux, le mal s'envole ;
Tu parles, les perclus marchent à ta parole.
Jésus ! pardonne-moi, puisque Dieu dans tes mains
A remis son pouvoir pour sauver les humains !

» — Il est si bon, si pur, dit la mère, oh ! qu'il vienne !
Qu'il vienne, il comprendra ma douleur et la tienne.
Qu'il veuille seulement, il nous la sauvera ;
Qu'il dise une parole, et notre enfant vivra ! »

Jaïre aussitôt part, et, franchissant la plaine,
Aux genoux du Sauveur il tombe hors d'haleine :
« Maître ! viens avec moi. Ma fille va mourir :
C'est mon unique enfant ; tu peux seul la guérir.
Impose-lui tes mains, et le mal comme un rêve
Va fuir, et mon enfant vivra ! »
                                        Jésus se lève ;
Il marche. « Conduis-moi, dit-il, en ta maison.
De ta croyance en Dieu dépend la guérison. »

Mais de la ville à peine ils franchissaient la porte,

Qu'un esclave éploré : « Seigneur ! ta fille est morte ! »
Désespéré, Jaïre accuse sa lenteur,
Déchire sa tunique et dit au Rédempteur :
« Maître ! ma seule enfant vient de perdre la vie ;
Dieu me l'avait donnée et Dieu me l'a ravie.
N'allez pas plus avant, puisque tout est fini.
Jéhovah l'a voulu ; que son nom soit béni ! »
Jésus lit dans son cœur que la douleur dévore ;
Il lui répond : « Allons, mon fils, espère encore ! »

Comme devant la foule ils marchaient les premiers,
Ils parvinrent bientôt jusque sous les palmiers.
A la sombre lueur de deux lampes funèbres,
Dont les feux languissants attristaient les ténèbres,
Les serviteurs épars gémissaient dans la nuit.
Jésus leur dit : « Pourquoi ces larmes et ce bruit ?
Cette enfant n'est pas morte, elle n'est qu'assoupie. »
Or ces gens murmuraient : « Pourquoi donc cet impie
Par ses discours moqueurs accroît-il notre deuil,
Et vient-il nous railler en face d'un cercueil ? »

Mais Jésus alla droit à la mère éplorée,
Qui, seule, sous le poids de sa douleur navrée,
Les yeux fixes et secs, immobile, debout,
Demeurait à l'écart comme étrangère à tout,
Et qu'on aurait pu croire une pâle statue,
Si parfois, soulevant sa poitrine abattue,
Quelques rares soupirs, mornes et désolés,
Du profond de son cœur ne s'étaient exhalés.
Triste, il la regarda ; puis tourné vers Jaïre :

« Près de l'enfant, dit-il, nous allons la conduire. »

Arrivé sur le seuil, quand il vit Séphora,
Dans le trépas si belle et si pure, il pleura....

Anges, qui le guidiez de la Crèche au Calvaire,
Vous avez recueilli, comme un don tutélaire,
Cette larme du Christ, précieux diamant;
Vous l'avez élevée au plus haut firmament;
Et cette larme sainte est la limpide étoile
Qui dans l'immensité brillante se dévoile,
Quand une jeune mère, en son cœur triomphant,
Songe au premier baiser de son premier enfant.

Le Rédempteur se mit à genoux sur la pierre,
Courba sa noble tête et fit une prière;
Puis, allant vers l'enfant, il la prit par la main :
« Ma fille, levez-vous; je l'ordonne! »

                              Soudain
L'enfant ouvrit les yeux et dit tout haut: « Ma mère! »
La mère se leva dans sa douleur amère;
Et croyant tout à coup au miracle vainqueur,
Elle embrassa l'enfant avec un cri du cœur.
Ses yeux secs jusqu'alors se remplissaient de larmes;
Puis elle se livrait à de folles alarmes,
Puis aux pieds de Jésus s'écriait, l'œil en feu :
« Oh! vous êtes le Christ et le vrai fils de Dieu! »

PENSÉE DE JOSEPH DROZ.

SONNET.

Jadis quand je voyais une croix au passage,
Dans un bois, sur la route, au bord d'un frais enclos,
Je me disais : « Pourquoi d'un riant paysage
Par un signe de mort attrister les tableaux ? »

Plus tard je vis la mer. La croix sur le rivage
M'apparut ; je compris alors, au bord des flots,
Debout sur les récifs que l'Océan ravage,
La croix parlant d'espoir au cœur des matelots.

Je reviens aux vallons que j'aimais, et je rêve
Que la plus belle fleur souvent cache un cercueil,
Et que l'orage gronde ailleurs que sur la grève.

Dans le sentier champêtre ou sur le noir écueil,
Partout où peut venir prier une âme en deuil,
O croix du Rédempteur, béni soit qui t'élève !

AVE, MARIA.

A M. L'ABBÉ A. DE RENEMESNII..

Les étoiles n'ont plus qu'une flamme épuisée;
Au bord de l'horizon une lueur rosée
Découpe la colline obscure et sans couleurs;
Un voile de brouillard, aussi blanc que la neige,
Sur l'ombre du vallon se répand et protége
    Dans leur sommeil les humains et les fleurs.

Une feuille s'entr'ouvre, une branche crépite,
Un oiseau pousse un cri dans l'herbe qui s'agite,
Et du clocher lointain sort un son triste et doux.
C'est la cloche qui dit, en tintant dans l'espace :
Salut à vous, Marie, à vous pleine de grâce;
    L'esprit de Dieu s'est reposé sur vous!

La lumière céleste à l'orient s'augmente,
La brume dans les champs se disperse fumante,
Dans un demi-sommeil le vallon va nageant;

Et partout reverdit, présage d'abondance,
Cette herbe où la rosée en tombant se condense,
　　Comme un réseau de perles et d'argent.

La nature est semblable à vous, vierge Marie;
Le printemps est son fils, qu'avec idolâtrie
Elle berce en riant sur son sein rajeuni:
Protégez donc ses fleurs, sa verdure, ses flammes;
Car vous êtes bénie entre toutes les femmes,
　　Et Jésus-Christ, votre enfant, est béni.

Vierge! vous l'écoutez, ce monde qui s'incline.
La gloire du soleil jaillit de la colline,
Et soudain mille oiseaux poussent un cri d'amour;
La cloche tinte encor; le vent dans les ramures
Disperse la rosée avec de gais murmures;
　　L'hymne du monde a salué le jour.

Je vous implore aussi; mon œil aux cieux s'élève;
Les astres avec l'ombre ont fui comme un vain rêve.
Heureux qui dans vos bras se réveille et s'endort :
Sainte mère de Dieu, pour nous dont la voix prie,
Pour nous, pauvres pécheurs, priez, vierge Marie,
　　Et maintenant et le jour de la mort!

LES PETITS ENFANTS.

———

A M. L'ABBÉ SAILLANT.

Bords aimés du Jourdain, Liban silencieux,
Cèdres contemporains de nos premiers aïeux,
Bethsaïde, Emmaüs, lac de Tibériade,
Votre aspect rajeunit mon cœur vieux et malade !
Après quatre-vingts ans ici je me revois ;
Voici les grands palmiers, aussi verts qu'autrefois,
Et le noir térébinthe, et les ondes sonores
Où les femmes, le soir, remplissaient leurs amphores.
Et c'est là qu'il s'assit à l'ombre du figuier,
Que sur le roc bruni je le vis s'appuyer ;
C'est là, je me souviens !... »

                Ainsi, d'une voix lente,
Un vieillard, accablé par la chaleur brûlante,

3.

Parlait et s'arrêtait, regardant le pays,
Et le lac, et les monts, et les champs de maïs.

Au détour du chemin un figuier séculaire,
Debout sur le penchant d'un coteau circulaire
D'où les yeux embrassaient un immense horizon,
Étendait ses rameaux sur un sombre gazon.
Ces lieux, chers au vieillard, faisaient dans sa pensée
Vibrer les souvenirs d'une époque effacée;
Car sous l'arbre aux doux fruits sitôt qu'il arriva,
Il prononça tout haut le nom de Jéhova,
Et, tombant à genoux, frappa du front la terre.
Des enfants qui jouaient dans ce lieu solitaire,
N'osant à son aspect ni courir ni crier,
Avec étonnement le regardaient prier.
L'un, immobile, fixe et la main entr'ouverte,
Avait laissé tomber une datte encor verte
Et semblait tout surpris qu'on pût être aussi vieux;
Un autre, plus craintif et non moins curieux,
Blotti dans un buisson, passait sous une branche,
Comme un fruit déjà mûr, sa tête rose et blanche;
Les autres n'avaient point suspendu leurs ébats.
Un plus petit riait et lui tendait les bras;
Car le vieil étranger brillait de bienveillance,
Et d'ailleurs la vieillesse est la sœur de l'enfance.

Or, lentement, un doigt sur les lèvres placé,
Le plus âgé de tous vers lui s'est avancé;
Un autre à pas furtifs l'a suivi par derrière.
Cependant le vieillard, terminant sa prière,

Se relève et s'assied au pied du rocher gris,
Regarde les enfants avec un doux souris,
Et doucement leur dit : « Venez, petits farouches,
Que je ne chasse pas la gaîté de vos bouches ;
En vous voyant joyeux, enfants, il me souvient
Que je fus comme vous, et la paix me revient. »

Les enfants à sa voix reprennent de l'audace
Et l'entourent bientôt. L'un d'entre eux, avec grâce :

« Quoi donc, vous, lui dit-il, vous si vieux et si grand,
Vous étiez comme nous jeune et toujours courant ?
Ces temps-là sont bien loin ?

                              » — Les pères de vos pères
Étaient mes compagnons, mes amis et mes frères.

» — Mais alors de ces temps il ne vous souvient plus ?

» — Depuis quatre-vingts ans ces jours sont révolus ;
Quatre-vingts fois depuis, au souffle de l'automne,
Les arbres de ces monts ont jeté leur couronne ;
Tandis que j'ai vécu, seul, sous les cèdres verts,
Priant et contemplant Dieu dans son univers.
Pourtant il me souvient qu'autrefois, sous cette ombre,
Lorsque j'étais enfant, nous venions en grand nombre.
Un jour, sous un soleil chaud comme celui-ci,
Nous jouions comme vous, beaux et joyeux aussi,
Lorsqu'apparut, suivi par une foule immense,
Un homme jeune encore ; il marchait en silence,

Et, lorsque sur la route il s'arrêtait parfois
Pour parler à ces gens attentifs à sa voix,
La foule s'inclinait en lui rendant hommage,
Comme devant Dieu même ou sa vivante image.
L'un de son manteau brun voulait toucher le bas,
L'autre baiser la place où s'imprimaient ses pas;
Tous l'entouraient d'amour : c'est qu'aussi sa figure
Rayonnait sous le jour d'une bonté si pure!
Ses grands yeux bleus si doux, son sourire sans fiel,
Ses longs cheveux dorés comme un rayon de miel,
A nos regards surpris l'entouraient d'auréoles.
Quand ses lèvres s'ouvraient pour de saintes paroles,
Sa voix allait au cœur des peuples abattus;
Et sa beauté, c'était la splendeur des vertus.
Or, cet homme divin, c'était celui qu'on nomme
Jésus, qui se disait alors le Fils de l'Homme!

» Que de fois l'avait-on exalté jusqu'au ciel,
Ce prophète inspiré, ce nouveau Daniel,
Qui, par Dieu même instruit dans les saints tabernacles,
Parcourait la Judée en semant des miracles;
Qui disait à l'aveugle : « Ouvre les yeux et vois! »
Au paralysé : « Marche! » au sourd : « Entends la voix! »
Qui commandait aux vents, à l'onde, à l'enfer même,
Et réveillait les morts de leur sommeil suprême!
Il s'assit là! Nous tous ardents à l'approcher,
Nous courions; mais la foule obstruait le rocher,
Et chacun s'opposait à nous avec rudesse.
Il nous vit, et, voulant aider notre faiblesse,
Tourna vers nous ses yeux tendres et triomphants :

« Laissez venir à moi tous ces petits enfants;
» Ne les empêchez point, dit-il d'un ton modeste;
» Car le royaume saint de mon père céleste
» Est pour tous ces petits qui m'aiment, et pour ceux
» Qui possèdent un cœur candide et pur comme eux;
» Et du banquet divin nul ne sera convive
» S'il n'a point d'un enfant la pureté naïve.
» En vérité, c'est moi, c'est moi qui vous le dis,
» Si quelqu'un scandalise un seul de ces petits,
» Il vaudrait mieux pour lui qu'une main meurtrière
» A son cou suspendît une meule de pierre
» Et qu'au fond de ce lac il fût précipité;
» Car il sera maudit pendant l'éternité.
» Mais quiconque en mon nom les accueille et les aime,
» Celui-là me reçoit et me chérit moi-même. »

» Ayant ainsi parlé, sur nos fronts réunis
Il étendit la main et dit : « Soyez bénis! »
Et puis me choisissant, le Rédempteur du monde
Couronna d'un baiser ma tête rose et blonde. »

Les enfants souriaient au récit du vieillard,
Quand des gens du pays passèrent par hasard.
Tandis qu'il annonçait à la troupe docile
Les préceptes divins écrits dans l'Évangile,
Avec impatience ils l'avaient écouté;
Et, lorsqu'il eut fini, d'un ton plein d'âpreté :

« Que nous veut, dirent-ils, ton Christ et son histoire?.
Nos enfants ne sont pas d'un autre âge, pour croire

Aux prodiges menteurs d'un vil crucifié!

» — Hélas! dit le vieillard, vous l'avez renié;
Cependant, de vos fils n'écartez pas sans cause
La bénédiction que ma main leur impose :
Car la bouche du Christ a placé sur mon front
Un signe que jamais les ans n'effaceront;
Car les vœux d'un vieillard ne sont jamais funestes,
Et ma voix peut monter jusqu'aux parvis célestes. »

Mais eux, sans respecter cet homme surhumain,
Arrachaient leurs enfants à sa tremblante main
Et de lui s'éloignaient en haussant les épaules.

Le vieillard descendit par le chemin des saules,
Longeant les bords du lac, lentement, pas à pas,
Sans maudire ces gens qui ne comprenaient pas.
C'est qu'il avait appris, par le fils de la femme,
A souffrir sans courroux l'affront le plus infâme;
Et tout vieux qu'il était, pauvre, sans feu ni lieu, .
Il était grand et fort, car il croyait en Dieu.

Au Parquet, avril 1840.

LE COIN DU CIMETIÈRE.

———

Au coin du cimetière il est un tertre humide
Où, près d'un saule en pleurs, la fleur humble et timide
    Germe sur un sol consacré;
J'y voudrais déposer une blanche couronne
Et dire au Rédempteur qui console et pardonne :
    Hélas! mon Dieu, j'ai bien pleuré!

Sur mon âme est tombé le voile des tristesses;
J'implore en vain de vous, qui plaignez nos détresses,
    Un seul rayon dans mon ciel noir;
Mon cœur endolori dans les larmes se noie,
Ma force est abattue, et sous mon front tournoie
    Le vertige du désespoir.

Car il s'en est allé l'ami de mon enfance,
L'ami de mon bonheur, l'ami de ma souffrance,
    Le compagnon de tous mes pas;
Il est parti! Pourtant du retour quand vient l'heure,
Je l'attends chaque soir, triste en notre demeure...
    Et je sais qu'il ne viendra pas.

Il est parti! mais c'est pour l'éternel voyage.
Par un beau soir d'automne, à la fleur de son âge,
    Il nous a légué son adieu;
Son œil a resplendi d'une lumière étrange,
Comme un feu qui s'éteint... et son âme, jeune ange,
    S'est envolée au sein de Dieu.

Je le revois encor sur sa dernière couche;
Un sourire divin illuminait sa bouche
    D'une auguste sérénité;
Ses yeux, si mollement pressés par leur paupière,
Me semblaient éclairer sa face tout entière,
    Comme un reflet d'éternité.

Baisant avec respect sa tête fraternelle,
Je croyais ranimer, sous ma lèvre fidèle,
    Ce front blanc comme son linceul;
Mais, hélas! ces baisers tout d'amour et de flamme,
Qui jadis confondaient mon âme avec son âme,
    N'avaient plus d'écho qu'en moi seul.

Je restais prosterné dans la funèbre enceinte,
Regardant tour à tour les cierges et l'eau sainte
    Où s'humectait un buis bénit,
Et ce Dieu qui, du haut de sa croix tutélaire,
Accueille ensemble un roi qui périt grand sur terre,
    Un oiseau qui meurt dans son nid;

Et de mon frère alors contemplant la figure,
Je frémissais de voir l'humaine créature

Calme et pâle comme son Dieu.
J'aurais voulu prier, je n'eus point de prière;
J'aurais voulu pleurer, mais en vain; ma paupière
    S'agitait sur mon œil en feu.

Hélas! on sent parfois de ces douleurs brûlantes,
Qui dessèchent le sein comme des flammes lentes,
    Où l'on implore du Seigneur
Une larme, fût-elle unique et bien amère,
Comme en des temps plus doux, au Seigneur moins sévère
    On demanderait le bonheur.

. . . .

Je pus enfin pleurer! et mon âme ravie
Rouvrait derrière moi ce sillon de ma vie
    Par la faux du Temps effacé.
Je retournais glanant les fleurs de ma jeunesse,
Tristes et seuls débris d'une moisson d'ivresse,
    Épars dans le champ du passé.

J'évoquais ces beaux jours de notre heureuse enfance,
Que le souvenir vague, à défaut d'espérance,
    Peuplait de rêves séduisants;
Songe consolateur venu d'un autre monde,
Je revoyais l'enfant, avec sa tête blonde
    Et son teint rose de dix ans.

Et nous courions tous deux, dans les vertes allées,
Après les papillons aux ailes constellées;

Je tenais sa main dans ma main,
Partageant avec lui d'enfantines caresses,
Lui souriant du cœur, et nos jeunes tendresses
Interrompaient notre chemin.

Bientôt nous défiant à la course légère,
Nous volions au logis, où notre heureuse mère
Nous tendait les bras sur le seuil;
Nous joûtions de baisers sur ses lèvres chéries....
Oh! les beaux souvenirs, les douces rêveries!
Et je rêvais sur un cercueil!

Au coin du cimetière il est un tertre humide
Où, près d'un saule en pleurs, la fleur humble et timide
Germe sur un sol consacré;
J'y voudrais déposer une blanche couronne
Et dire au Rédempteur qui console et pardonne :
Hélas! mon Dieu, j'ai bien pleuré!

PRIONS.

A MA MÈRE.

Dans une vieille église, aux approches du soir,
Quand la foule a cessé d'inonder les portiques,
Lorsque déjà se mêle une teinte de noir
Aux reflets éclatants des verrières gothiques;
Quand, tremblant d'éveiller les échos endormis,
Dans la nef assombrie on marche sans secousse;
Quand, seul, près d'un pilier à genoux on s'est mis,
Ma Mère, n'est-ce pas que la prière est douce?

C'est au déclin du jour que j'aime le saint lieu;
Nul importun ne vient y troubler la prière,
Et sans crainte l'on peut, seul à seul avec Dieu,
Dévoiler en pleurant son âme tout entière.
Les larmes qui du cœur adoucissent le fiel,
Les soupirs douloureux que dans l'ombre l'on pousse,
Comme le pur encens s'élancent vers le ciel.
Ma Mère, n'est-ce pas que la prière est douce?

Prions, Mère, prions pour ceux qui ne sont plus,
Pour ceux plutôt qui sont dans ce lieu de misère;
Car il est du bonheur au ciel pour les élus,
Et toujours le soleil est pâle sur la terre.
Prions, Mère, prions; car tous ont leurs douleurs;
Sur les plus durs rochers est la plus belle mousse;
L'aspic aime à cacher sa tête sous les fleurs.
Ma Mère, n'est-ce pas que la prière est douce?

DESTINÉE.

Tel qui fut respecté par toutes les mitrailles,
Qui dormit soixante ans sur l'affût d'un canon,
Expire dans la paix loin du bruit des batailles,
Ne laissant après lui qu'une épée et qu'un nom.

Telle autre, jeune fille et vierge entre les vierges,
S'endort à son matin près d'une mère en deuil,
Sans avoir resplendi plus longtemps que les cierges
Par de pieuses mains brûlés sur son cercueil.

Tel autre encor, vieux prêtre ignoré de la terre,
Du pauvre et du souffrant partagea le lien;
Il meurt! et sur sa tombe une croix solitaire
Dit à peine au passant : Il fut homme de bien!

C'est ainsi que la mort nous prend l'un après l'autre;
Toujours inattendue, elle frappe à son tour
Le vieillard ou l'enfant, le profane ou l'apôtre,
Et fuit sans annoncer l'heure de son retour.

Mais sitôt qu'a sonné l'instant irrévocable,
Ce monde est comme un pré que Dieu livre à ses mains;
Et sur nous étendant sa faux impitoyable,
Comme des tiges d'herbe elle abat les humains.

L'OISEAU DU PARADIS,

LÉGENDE.

A M. LE BARON JÉROME PICHON,

Président de la Société des Bibliophiles Français.

La rêveuse Allemagne était encor soumise,
Comme une enfant docile, aux canons de l'Église;
De toutes parts, au fond des vallons, l'Angélus
Tintait dans les couvents pour de pieux reclus.
Déjà pourtant les cœurs s'égaraient dans la route,
Et sur les plus fervents flottait l'ombre du doute.
L'un des plus vénérés de ces religieux
Était le moine Alfus. Alfus était si vieux
Qu'il avait dépassé la limite ordinaire;
Aussi l'appelait-on le moine centenaire.
Il semblait au-dessus de notre humanité
Par son âge non moins que par sa piété.
A voir la majesté de sa noble figure
Et sa barbe d'argent sur sa robe de bure,
On aurait dit un saint. En le voyant passer,
Les lévites semblaient tout près de l'encenser.

Alfus avait la foi; mais cette longue vie,
D'amertume abreuvée et de douleur suivie,
Était lourde à son âme encor plus qu'à son front.
Les heures que le temps pousse d'un doigt si prompt,
Ces heures lui pesaient. Comme un buveur avide
Dont on remplit la coupe aussitôt qu'elle est vide,
Succombe sous le vin qu'on lui verse toujours,
Las de la vie, Alfus était ivre de jours.
Pour tous, son existence était sainte et bénie;
Mais quand venait la nuit, une ardente insomnie
Tenait ses yeux ouverts, et l'aube en renaissant
Le retrouvait plus sombre et plus réfléchissant.
L'ennui le consumait. Un dégoût invincible
A toute impression le rendait insensible.
Parfois il appelait la mort, lente à venir;
Parfois, épouvanté de ce vaste avenir,
Il s'écriait : « Mon Dieu! si l'existence humaine,
Qui dure peu de temps, de tels ennuis est pleine,
De quel terrible poids sera l'éternité!
Notre lot sur la terre est l'instabilité;
Changer, c'est vivre; l'homme, avide de prémices,
Rebutera demain l'objet de ses délices.
L'irrésistible instinct l'entraîne à ce qui fuit.
L'onde coule, l'oiseau s'envole, l'éclair luit,
Le parfum s'évapore.... Ainsi tout ce qu'il aime!
Mais des splendeurs sans fin, un chant toujours le même,
Une adoration sans borne, où les élus,
Plongés dans un bonheur qui ne finira plus,
Buvant le même vin toujours au même vase,
Rêvent pétrifiés dans l'immobile extase....

Tel sera l'autre monde!... Et partout, et toujours,
L'espace et l'infini! Plus de nuits, plus de jours,
Plus de vœux à former, plus d'humaines souffrances;
Mais aussi plus jamais de folles espérances,
De ces rêves changeants où brillait l'idéal!
Toujours, toujours un cycle immuable, fatal,
Un azur sans nuage, un été sans rosée,
Un bonheur dont jamais l'âme n'est reposée,
Un abîme où l'esprit s'arrête épouvanté,
Où l'oreille n'entend qu'un mot : Éternité!... »

Alfus, l'âme livrée au rêve qui l'emporte,
S'avance et du couvent il a franchi la porte.
Il traverse le pont, et la route, et les prés,
Couverts d'arbres en fleurs et de fleurs diaprés.
Il arrive bientôt dans un lieu solitaire,
S'asseoit au pied d'un chêne et se laisse distraire
Par les enchantements de la verte forêt.
Dans sa jeune beauté le printemps s'y montrait.

O printemps, fils de Dieu, toi dont la main redonne
Aux arbres de nos bois leur mobile couronne,
Tu souris à l'enfant, à l'homme, et ton regard
Jette un dernier éclat dans le cœur du vieillard!
Tout n'était que fraîcheur et parfum sous l'ombrage;
Le soleil envoyait à travers le feuillage
Ces obliques rayons qui présagent le soir;
La nature riait de bonheur et d'espoir;
Un oiseau préluda. Sa voix était si tendre
Que tous les bruits des champs se turent pour l'entendre;

Son chant était si doux, si pur, qu'un rossignol
Tomba de jalousie et mourut sur le sol.
Cet hymne harmonieux, aux notes nuancées,
Ranima le vieillard et changea ses pensées.
Attentif, il resta, ne se souvenant plus
Qu'on l'attendait au chœur pour chanter l'Angelus.
De l'oiseau merveilleux les cadences perlées
Se suivaient, s'enchaînaient, sans fin renouvelées ;
Il ne se lassait point, et chaque trait nouveau
Se dessinait plus frais, plus suave et plus beau.
On croyait voir germer à sa voix la verdure,
Voir le ciel resplendir, et toute la nature,
Comme s'harmoniant aux mystiques accords,
Prodiguer ses couleurs, ses parfums, ses trésors.
Il semblait que lui seul, tel qu'une âme inspirée,
Donnât l'air et la vie à toute la contrée.
Il parlait un langage à l'esprit soucieux,
Et l'emportait bien loin, bien haut, jusques aux cieux !
Il remuait le cœur au fond de la poitrine ;
Les mille harpes d'or de la cité divine,
Qui font dans sa splendeur le ciel s'extasier,
Vibraient à l'unisson dans ce frêle gosier.
Enfin il couronna sa gamme merveilleuse
Par une note claire, ardente, lumineuse,
Que le moine crut voir, à travers le ciel pur,
Filer comme une étoile et mourir dans l'azur.

L'extase du vieillard avec l'oiseau s'envole.
Il a dû perdre une heure à ce plaisir frivole ;
Il se lève, et, hâtant son pas mal assuré,

Il retourne.... Mais quoi! tout s'est transfiguré.
Merveilleux changement! Les collines prochaines,
Au lieu d'humbles taillis s'ombragent de grands chênes;
En place du sentier qui menait au couvent,
S'ouvre une large route; au lieu du pont mouvant,
Dont le bois vermoulu frémissait sous la marche,
Un pont vaste arrondit les pierres de son arche.
Il ne reconnaît plus personne du hameau.
Les pâtres ébahis, ramenant leur troupeau,
Et les femmes filant sur le seuil de la grange,
Le regardent passer avec un air étrange.
Il arrive au couvent; le cloître est agrandi.
Le vieux clocher roman, qui penchait alourdi,
Où les oiseaux du ciel nichaient dans mainte brèche,
Se dresse et lance au ciel une gothique flèche.
L'étonnement, l'effroi, lui font hâter le pas;
Il arrive. Un portier qu'il ne reconnaît pas
Lui demande son nom; il le dit.... O surprise!
Nul ne connaît Alfus, ce flambeau de l'Église.
Enfin on fit venir le doyen du couvent :
C'était du temps passé le registre vivant.
Il recherche le nom d'Alfus dans sa mémoire :
« Je me souviens, dit-il, d'avoir ouï l'histoire
D'Alfus le centenaire. Il sortit seul un soir.
Que devint-il depuis? On n'a pu le savoir;
Mais on croyait qu'après sa mission remplie,
Dieu l'avait dans le ciel emporté comme Élie;
Car c'était un grand saint. Dans mon plus jeune temps,
Les anciens en parlaient déjà depuis vingt ans,
Et j'en ai quatre-vingts.... » Mais Alfus, ô mystère!

Voyant que tout un siècle écoulé sur la terre,
Plus que l'âge d'un homme, avait passé pour lui
Comme l'ombre d'un songe en moins d'une heure enfui,
Alfus comprit soudain que ce chanteur sublime
Était venu du ciel l'arracher à l'abîme.
Le moindre des oiseaux qui sont au paradis
Tenait depuis cent ans tous ses sens engourdis :
Les mondes et les temps valaient donc moins qu'une heure
Des voluptés que Dieu nous garde en sa demeure.
Tombant à deux genoux, il adora. — Les jours
Suspendus par miracle, ayant repris leur cours,
Sur son front prosterné tout d'un coup s'écroulèrent.
La mort le foudroya, ses regards s'aveuglèrent;
Mais confiant en Dieu, certain de sa bonté,
Il entra dans la tombe et dans l'éternité!...

VIOLETTE BLANCHE.

———

FRÊLE violette aux fleurs blanches,
Qui sembles pleurer et te penches
Dans la verdure d'un tombeau,
Quand tu resplendis arrosée
Des diamants de la rosée,
Que ton éclat est pur et beau!

Mais pourquoi ta corolle aimée
Germe-t-elle plus parfumée
Dans le froid vallon des douleurs?
Pourquoi le champ de sépulture
D'une si brillante verdure
Te couronne-t-il sous nos pleurs?

Sans doute c'est pour dire aux hommes
Que cet univers où nous sommes
Est un lieu d'espoir seulement,

Qu'au séjour de la vie éteinte
Le Seigneur sème sans contrainte
Tant de fraîcheur et d'ornement.

Germe, germe, pauvre fleur blanche,
Sous chaque larme qui s'épanche,
Et sous chaque goutte du ciel !
Je viendrai pleurer sur ta tige,
Où le papillon bleu voltige,
Où l'abeille amasse son miel.

Je viendrai gémissant me mettre
A genoux sous la croix de hêtre,
Sous le Christ aux bras étendus ;
Et mes larmes, dans le silence,
Couleront à la souvenance
De tous les biens que j'ai perdus.

HARMONIE.

———

Au fond des bois, l'été, quand les brises tiédies
Passent en frémissant à travers les rameaux,
Vous avez entendu se fondre en mélodies
Les bruits vagues de l'air, des feuilles, des oiseaux?

Depuis l'arbre géant où monte à flots la sève
Jusqu'à l'herbe où les fleurs ouvrent leurs encensoirs,
Du vermisseau qui rampe à l'oiseau qui s'élève,
Des vapeurs des matins à la tiédeur des soirs,

Ce mélange de chants, de parfums, de lumière,
S'unit dans un accord puissant et solennel;
Concert mystérieux que la nature entière,
Dans sa reconnaissance, adresse à l'Éternel.

De l'être le plus nul dans l'échelle infinie
Le refrain monotone est lui-même agréé;
Tout s'épure et concourt à la grande harmonie;
Dieu semble se complaire en ce qu'il a créé.

Parfois même on croirait entendre dans l'espace
Un prélude plus tendre et plus délicieux,
Comme si, répondant à cet hymne qui passe,
Un autre hymne sans fin nous arrivait des cieux.

C'est que, dans cet instant, à nous Dieu se révèle,
Et que sa voix ressort parmi toutes ces voix;
C'est que notre univers est la lyre immortelle
Qui chante sa grandeur en vibrant sous ses doigts.

NOTRE-DAME DU SAULE.

Sauvez l'enfant qui meurt et qu'emportent les ondes!

Elle était sur le bord, nattant ses tresses blondes,
Et son tout petit frère, encor presque au berceau,
Sur l'herbe allait cueillant des fleurs le long de l'eau.
Il s'approche, imprudent! Sur le fleuve il se penche
Vers un beau nénufar à la fleur rose et blanche;
Il glisse, il se débat, pousse un cri déchirant.
Sa sœur l'entend, le voit; elle est dans le courant.
Sans prévoir le danger, elle nage, elle arrive,
Et d'un prompt mouvement le rejette à la rive.
Mais, l'enfant préservé, son courage a faibli :
Le fleuve impétueux l'entraîne en son repli.

« Ah! je meurs, cria-t-elle, au secours, sainte Vierge! »

Personne, en ce moment, ne passait sur la berge ;
Mais sa main rencontra, dans un suprême effort,
Un saule qui pencha ses longs rameaux du bord.
Le tout petit enfant a conté qu'une Dame,
Dont les beaux vêtements brillaient comme la flamme,
Avait planté soudain le saule dans ce lieu.
Je crois que c'était vous, sainte mère de Dieu ;
Car les bons villageois, dans leur ferveur naïve,
Vous ont, depuis ce jour, consacré cette rive.
En signe de salut, leurs mains ont attaché
Votre image au vieux tronc sur le fleuve penché ;
Et le soir, en passant, la bêche sur l'épaule,
Ils invoquent tout bas Notre-Dame du Saule.

LE CHANT DES ORGUES.

———

Silence dans la nef! Le soleil d'occident
    Vers l'horizon pourpré s'incline,
    Et son disque d'or illumine
La rosace qui luit ainsi qu'un œil ardent.
Peuple! prêtres! vous tous enfants de la prière,
Laissez quelques instants les cantiques sacrés,
Par les derniers échos vaguement murmurés,
    S'endormir dans le sanctuaire!

Silence! entendez-vous comme en nos cœurs troublés
    Un vague prélude circule,
    Pareil au vent du crépuscule
Qui court mélancolique et pleure dans les blés?
C'est l'orgue qui répond à des mains palpitantes;
Sa voix s'enfle, grandit, et soudain jusqu'aux cieux,
Sous l'effort cadencé des doigts mélodieux,
    Jaillit en notes éclatantes.

Écoutez! écoutez! c'est le souffle de Dieu
    Qui descend à travers l'espace
    Dans les splendeurs de la rosace,
Rayon divin formé de musique et de feu.
Les grands tubes d'argent ont une âme, un génie;
Ils vibrent tour à tour, éclatent à la fois;
Chacun naît pour chanter, chacun prend une voix
    Et respire son harmonie.

C'est le gémissement des lointains aquilons
    Agitant la forêt profonde,
    Le tonnerre qui roule et gronde,
Par les monts répété de vallons en vallons.
Ce sont des cris, des pleurs, des cantiques d'ivresse,
Des hymnes palpitants d'amour et de terreur,
Des soupirs à la fois pleins d'une sainte horreur
    Et d'une indicible tendresse.

Chantez! échos du ciel, voix d'espoir et d'amour!
    Et toi qui réveillas l'aurore,
    O musique, soupire encore
Pour bercer la nature et fermer l'œil du jour!
Tes sublimes concerts donnent l'essor à l'âme :
Elle frémit, s'élance, et, du pied de l'autel,
Dans des flots d'harmonie et d'encens, jusqu'au ciel
    Monte avec ses ailes de flamme.

C'est alors qu'une sainte et pure vision
    Inonde le cœur du poète;
    Sous ses doigts la harpe inquiète

Frémit, comme autrefois le kinnor de Sion,
Quand des fils de Jacob il annonçait les fêtes,
Quand le temple s'ouvrait à l'arche du vrai Dieu,
Quand Éloïm parlait et que sa voix de feu
    Brûlait la bouche des Prophètes.

Or, j'entendais un bruit comme les grandes eaux
    Se brisant aux rocs de la plage;
    La sueur baignait mon visage,
Et je sentais courir le frisson dans mes os.
Tantôt l'orgue roulait la note monotone,
Tantôt rauque il enflait les trompettes d'airain;
Et mon cœur palpitait comme un voile de lin
    Agité par le vent d'automne.

Soudain tout expirait.... Alors de doux accents,
    Hymnes d'amour et de mystère,
    Et tels que jamais sur la terre
Souffle embaumé de fleurs ne parfuma nos sens,
Échos lointains du ciel et de ses divins charmes,
Semblaient percer l'espace et rayonner sur nous;
Je me sentais faiblir, je tombais à genoux,
    Et mes yeux se mouillaient de larmes.

Salut, trône de Dieu, demeure des élus,
    Gloires de la vie éternelle!
    Salut, Sion, cité nouvelle,
Divin parvis ouvert au juste qui n'est plus!
Je vois les séraphins aux ailes flamboyantes
Toucher les cordes d'or des harpes de saphir;

La vapeur des parfums d'Ecbatane et d'Ophir
　　Monte en colonnes ondoyantes.

Tout à coup l'hosanna résonne dans les airs;
　　Le monde a tremblé dans l'espace....
　　　Il vient! c'est lui! c'est Dieu qui passe,
En étendant la main d'en haut sur l'univers.
Les chérubins courbés comme au vent les pervenches,
Enivrés d'un bonheur qui ne finira pas,
Contemplent en tremblant la trace de ses pas,
　　A l'ombre de leurs ailes blanches.

Hosanna! gloire à vous, Dieu tout-puissant!... Et toi,
　　Musique, voix des espérances,
　　Consolatrice des souffrances,
Écho d'une autre vie en qui nous avons foi,
Répands sur nous l'éclat de ta sainte auréole;
Viens! viens, âme nouvelle, en nos âmes vibrer,
Prodiguant tes soupirs qui nous font tant pleurer,
　　Et ton doux chant qui nous console.

Gloire à Dieu!... Mais déjà tous les chants ont cessé.
　　Dans la nef aux sombres ogives,
　　De l'orgue les notes plaintives
Roulent en s'éloignant comme un cri du passé.
Sous le portail ouvert le peuple à flots s'écoule;
La vision s'efface, et je ne vois aux cieux
Que le dernier rayon, glissant silencieux
　　Sur les fronts courbés de la foule.

LIVRE DEUXIÈME.

—

ESPÉRANCE.

.... Et in Domino sperans non infirmabor.

PSALM. XXV, v. 1.

Seul, au sein du désert et de l'obscurité,
Méditant de la nuit la douce majesté;
Enveloppé de calme et d'ombre et de silence,
Mon âme, de plus près, adore ta présence;
D'un jour intérieur je me sens éclairer,
Et j'entends une voix qui me dit d'espérer.

A. DE LAMARTINE.

ESPÉRANCE.

———

A MA MÈRE.

Pourquoi suis-je triste, ô ma Mère,
Triste lorsque tu m'aimes tant?
C'est que la vie est bien amère;
C'est que je veux vivre pourtant.

Pourquoi Dieu, qui pèse en silence
Nos jours, mystérieux fardeaux,
A-t-il jeté dans la balance
Si peu de biens et tant de maux?

Dans ce corps, fils de la poussière,
Que le temps dispute à la mort,
Pourquoi retient-il prisonnière
L'âme courbée avec effort?

5.

Quand, à la captive immortelle,
La joie ici-bas fait défaut,
Je sens qu'elle entr'ouvre son aile
Et voudrait s'envoler là-haut.

Et si quelque douce chimère
L'arrête en sa captivité,
Toujours l'apparence éphémère
Meurt devant la réalité!

Toujours l'avenir qu'on envie
N'est que le regret du passé!
S'il est un but à notre vie,
Où l'Éternel l'a-t-il placé?

Comme les rameurs dans leur barque,
Forcés d'aller à reculons,
Ne sachant pas quel but nous marque
Celui qui nous a dit : Allons!

Avides de la destinée,
Nous ramons encore et toujours,
Usant, dans la lutte acharnée,
Travaux sur travaux, jours sur jours.

Parfois l'oiseau de la tempête,
De l'aile nous rase en courant;
Sans pouvoir détourner la tête,
Nous hâtons notre esquif errant.

Là-bas, là-bas, fuit, dans la brume,
Le port depuis longtemps quitté,
Là quelque rocher blanc d'écume,
Qu'en passant nous avons heurté.

Là, quelque île brillante et belle
Où nous voudrions revenir,
Et qui ne nous a laissé d'elle
Qu'un regret et qu'un souvenir.

Là, quelque vague qui tournoie,
Roulant des restes sans couleurs,
Pâles débris de notre joie,
Dépouilles qui furent des fleurs.

Autour de nous, vaste et profonde,
La mer monte à flots ruisselants,
Et dans cet Océan qui gronde,
Qui de la nef ronge les flancs,

Le flot dit au flot qui l'entraîne :
« Que nous courons vite mourir! »
La vague à la vague prochaine
Répond : « Vivre peu, moins souffrir! »

Heureux lorsque, sœur de notre âme,
Une âme avec nous vient s'asseoir,
Et tirant à la même rame,
Murmure un même chant d'espoir.

Vers la rive où tend notre flotte,
En aveugles nous voguons tous,
Demandant sans cesse au pilote :
« Maître, où donc nous conduisez-vous? »

Malgré nos pleurs, malgré l'orage,
Gardant son secret éternel,
Impassible il suit son voyage,
Dans un silence solennel.

Mais, sur la poupe, l'Espérance
Debout, souriant au travail,
Nous dit : « La crainte est une offense,
C'est Dieu qui tient le gouvernail! »

LE CHANT DES COLONS.

(1848.)

————

Lorsque la ruche est trop pleine d'abeilles,
Un jeune essaim, vers des vallons meilleurs,
S'en va chercher, sur des fleurs plus vermeilles,
Le butin d'or promis aux travailleurs.
Tels, pleins d'espoir, fils de la République,
Nous ouvrons l'aile et nous nous envolons.
Toi qui d'en haut nous as montré l'Afrique,
Dieu protecteur, sois en aide aux colons!

La foule, au port, nous suit et nous devance;
De tous les yeux coulent des pleurs touchants;
Mais avec soi lorsqu'on a l'espérance,
Les pleurs sont vite étouffés par les chants.
Bien qu'à regret nous quittions la patrie,
C'est une France encore où nous allons;
Et du Prélat la sainte voix nous crie :
Dieu protecteur, sois en aide aux colons!

Oui! c'est la France, elle est bien achetée!
Et nos soldats, tombés au premier rang,
Sur cette terre à jamais adoptée
Ont tous écrit leurs noms avec du sang.
Nos bras moins fiers, de moissons magnifiques
Vont enrichir ces glorieux vallons.
Toi qui bénis nos drapeaux pacifiques,
Dieu protecteur, sois en aide aux colons!

Vous qui là-bas nous offrez ces campagnes,
Nous vous jurons que, dignes de tels biens,
Tous les enfants de nos jeunes compagnes,
Fils du travail, seront bons citoyens.
Ils grandiront pour être un jour utiles,
Comme la graine aux bords que nous peuplons.
Pour que leurs mains rendent nos champs fertiles,
Dieu protecteur, sois en aide aux colons!

Adieu donc, France; adieu, mère adorée!
Souvent le soir, à notre doux foyer,
Nous parlerons de la terre sacrée
Qui nous berça sur son sein nourricier.
Nous fonderons son grenier d'abondance,
Et des Romains rouvrant les vieux sillons,
Nos bras aussi pourront nourrir la France.
Dieu protecteur, sois en aide aux colons!

MON BEAU SONGE.

BEL ange à l'aile dorée,
A la prunelle azurée,
Bel ange, que me veux-tu?
Pourquoi sur mon chevet sombre,
Comme un feu follet dans l'ombre,
Ton vol s'est-il abattu?
Vers ma couche, où ton œil plonge,
Pourquoi venir quand tout dort?
Que me veux-tu, mon beau songe,
Mon beau songe aux ailes d'or?

Viendrais-tu de ma patrie,
De cette rive fleurie
Où s'égare, en longs détours,
La Seine à l'onde tranquille?
As-tu vu ma vieille ville,
Rouen, la ville aux cent tours?

Le souvenir, doux mensonge,
Souvent m'y reporte encor.
En viendrais-tu, mon beau songe,
Mon beau songe aux ailes d'or?

Dans la nuit et le silence,
Viens-tu, douce souvenance
Des absents que je chéris?
Es-tu l'aimante parole
Qui de leurs lèvres s'envole,
Quand j'occupe leurs soucis?
Lorsque la peine me ronge,
Leur tendresse est mon trésor.
Les as-tu vus, mon beau songe,
Mon beau songe aux ailes d'or?

Ou, des voûtes éternelles,
M'apportes-tu les nouvelles
Des amis qui ne sont plus?
Oh! que de fois dans mes veilles,
Vers ces célestes merveilles,
Vers ces mondes inconnus,
Où mon regard en vain plonge,
J'ai voulu prendre l'essor!
Viens-tu du ciel, mon beau songe,
Mon beau songe aux ailes d'or?

Prête-moi ton aile ardente.
Dans quelque nue éclatante
Je veux ouvrir mon chemin;

Je veux revoir ceux que j'aime,
Et monter jusqu'à Dieu même,
En te tenant par la main.
Viens! vers l'avenir prolonge
Notre impétueux essor.
Oh! prête-moi, mon beau songe,
Prête-moi tes ailes d'or!

LE CHANT DU BERCEAU,

BALLADE.

CHER petit être,
Doux cœur fermé,
Qui viens de naître
Pour être aimé,
Frêle merveille,
Tout mon bonheur,
Sur toi je veille,
J'ai soin! j'ai peur!
Pour toi ton bon ange
Priera le Seigneur.
Dors dans ton lange,
Dors sur mon cœur.

Clos ta paupière,
Enfant chéri;
Mon cœur de mère
Tremble à ton cri.

Le sommeil passe
Sur tes beaux yeux;
Oh! qu'il te fasse
Revoir les cieux!
Pour toi ton bon ange
Y parle au Seigneur.
Dors dans ton lange,
Dors sur mon cœur.

Dieu prend lui-même
Dans son trésor,
Et sur toi sème
Les rêves d'or;
Ton berceau frêle,
Voilé d'azur,
Te semble l'aile
D'un esprit pur.
C'est l'aile d'un ange
Priant le Seigneur.
Dors dans ton lange,
Dors sur mon cœur.

Le songe emporte
Ton cœur épris
Jusqu'à la porte
Du Paradis;
La Vierge embrasse
En ton sommeil,
Pleine de grâce,
Ton front vermeil;

Porté par ton ange,
Tu vois le Seigneur.
  Dors dans ton lange,
  Dors sur mon cœur.

  Le ciel te crie :
  « Cœur ingénu,
  Dans ta patrie
  Sois bienvenu!... »
  Songe funeste!
  Enfant, si Dieu
  Te disait : « Reste
  Dans mon ciel bleu ! »
Reviens, ô mon ange!
Reviens, car j'ai peur!
  Dors dans ton lange,
  Dors sur mon cœur.

  Mais tu t'éveilles,
  Sans pleurs, sans cris;
  Tu m'émerveilles
  Par un souris.
  Joyeux du rêve,
  Ton grand œil noir
  S'ouvre et s'élève
  Pour mieux me voir.
Enfant, ton bon ange
A prié pour toi.
  Sors de ton lange
  Et souris-moi.

CHEMIN DANS LES BLÉS.

Au milieu des blés, dans la plaine,
Je retrouve encor le chemin
Où nous pouvions passer à peine,
Tous deux, nous tenant par la main.

Les seigles jaunissants balancent
L'épi qui penche bientôt mûr;
Entre chaque sillon s'élancent
Des fleurs d'or, de pourpre et d'azur.

Le bourdonnement des abeilles,
Dans l'air cadencé mollement,
Réjouit de loin les oreilles
Par son léger bruissement.

A travers la moisson mouvante,
Passe un peuple de moucherons;
La sauterelle, herbe vivante,
Y franchit les verts liserons.

Les papillons, dans leurs batailles,
Vont s'y poursuivant tour à tour;
Et le chant saccadé des cailles
Y parle de joie et d'amour.

Dans la plaine que l'été dore,
Moi seul je vais triste et rêvant,
Ici même, où, naguère encore,
Heureux, je riais si souvent.

Hélas! et la campagne est belle;
Et la brise apporte des bois
Un parfum que juin renouvelle,
Pur comme il était autrefois.

Sous la moisson que Dieu nous donne,
Chantent les oiseaux des guérets;
Sans penser aux vents froids d'automne,
Verdissent les grandes forêts.

Sois brillante, ô belle nature!
La main puissante du Seigneur,
Qui t'ôte et te rend ta parure,
Ne m'a pas rendu mon bonheur.

Adieu les jours où, plein de joie,
Avec un frère que j'aimais,
Dans les blés j'ai suivi la voie
Que je parcours seul désormais!

J'entends la cloche villageoise
Lentement sonner l'angélus;
Voici le vieux clocher d'ardoise,
Qu'ensemble nous ne verrons plus!

Là, sous les arbres de la haie,
Se blottissait le toit obscur,
Où, dans notre gaîté si vraie,
Nous nous aimions d'un cœur si pur.

D'autres possèdent à cette heure
Les grands arbres, le frais enclos;
Qu'ont-ils donc fait de la demeure
Où chantaient nos beaux jours éclos?

Ils ont détruit la maison blanche :
Murs chéris, ils vous ont brisés!
Le nid est tombé de la branche;
Et les oiseaux sont dispersés.

Pourtant, au fiel que l'heure apporte,
Quelque miel est encor mêlé;
Nul ne franchira plus la porte
Par où l'enfant s'en est allé.

Jamais personne, sur la terre,
N'emplira d'un rire joyeux
La pauvre chambre solitaire,
Où l'enfant a fermé les yeux.

Adieu, demeure hier sacrée,
Qu'un souvenir en vain défend !
Je ne veux rien, dans la contrée,
Que pleurer sur toi, cher enfant !...

Me voici dans le cimetière,
Seul, à genoux ! — N'entends-tu pas
Ton doux nom qu'avec ma prière,
Je prononce en pleurant tout bas.

Par ces baisers, que je dépose
Sur le sol de larmes mouillé,
De ta bouche, autrefois si rose,
Le sourire est-il réveillé ?

Non ! la tombe, froide et muette,
Garde son silence cruel ;
Et seule, en chantant, l'alouette
Semble porter ma plainte au ciel.

Là, bien longtemps je me recueille,
Songeant au bonheur épuisé,
Et je n'emporte qu'une feuille,
Qu'une feuille et mon cœur brisé.

Au jardin de ta sépulture,
Laissons la rose aussi mourir;
N'enlevons aucune parure;
J'ai bien assez du souvenir!

Mon cœur est pareil au lieu sombre
Et couvert de fleurs où tu dors :
Au dedans la tristesse et l'ombre,
Quand le sourire est au dehors.

La Vaupalière, 17 juin 1841.

A UN CHASSEUR.

Un plomb traverse la feuillée.....
Il tombe, le léger chevreuil;
Il roule dans l'herbe mouillée;
Des pleurs s'échappent de son œil.

Il meurt, victime solitaire
De cet être toujours fatal,
Qui se dit le roi de la terre
Parce qu'il fait le plus de mal.

Chasseur, qui dans ton arrogance,
Par quelque meurtre immérité
Crois témoigner de ta puissance,
Tu prouves ta férocité.

Atome enchaîné sur l'écorce
D'un globe où tu nais pour souffrir,
Tu n'as que la stupide force
Qui torture et qui fait mourir.

Puisque Dieu t'a fait périssable,
Puisque tu ne peux même pas
Créer un seul des grains de sable
Que tu disperses sous tes pas,

Retiens tes coups, sois moins funeste
A tout ce qui vit sous le ciel;
Ne frappe aucune œuvre céleste
Pour le plaisir d'être cruel.

Imite le saint de Bretagne,
Le doux et bienheureux Malo,
Dont l'église est sur la montagne
Debout entre le ciel et l'eau.

Un jour qu'il émondait l'ivraie
D'un champ au revers d'un coteau,
L'homme de Dieu sous une haie
Avait déposé son manteau;

Il s'aperçut qu'une fauvette,
Dans la cape aux replis moelleux
S'arrondissant une retraite,
Nichait prête à pondre ses œufs.

Sachant que la bonté du maître
Jusques aux plus petits s'étend,
Et qu'en ce monde le moindre être
A pour père le Tout-Puissant,

Il laissa, vieillard humble et tendre,
Sa cape dans le coin du clos,
Et ne la voulut pas reprendre
Qu'il n'eût vu les petits éclos.

SOUS LES LILAS.

Sous ces lilas à l'odeur fraîche et douce,
  Que le vent aime à caresser,
O mes rêves chéris, à l'ombre, sur la mousse,
  Venez lentement me bercer !

Vers moi l'arbuste incline son panache,
  Qui fuit et revient tour à tour ;
A chaque fleur éclose un insecte s'attache,
  Mille autres voltigent autour.

Les papillons aux ailes diaprées,
  Les abeilles, filles du ciel,
Et les moucherons bruns, et les guêpes dorées,
  Y butinent les sucs du miel.

Lorsqu'ils s'en vont ainsi par le feuillage,
  Oublieux du dernier hiver,
Que bourdonnent-ils donc en leur joyeux langage,
  Ces frêles habitants de l'air ?

Ils disent tous : « Allons! la vie est belle,
    Le plaisir est l'unique soin;
Voltigeons dans l'air pur, aimons la fleur nouvelle :
    Le ciel est beau, l'hiver est loin.

» Les marronniers ouvrent leurs grappes blanches
    Et leurs feuilles en éventail;
Les frais pommiers pour nous ont sur leurs vertes branches
    Mêlé la nacre et le corail.

» Les cerisiers sèment au vent leur neige,
    Qui vole embaumant les sillons;
Avec ses flocons blancs, vif et brillant cortége,
    Jouons-nous, légers papillons.

» Dans les vallons où gazouillent les merles,
    Où le ciel a moins de chaleurs,
Pour nous la brume flotte et se condense en perles,
    Dans les calices d'or des fleurs.

» Vivons heureux de ce que Dieu nous donne;
    Poursuivons notre gai chemin;
Et qu'importe aujourd'hui, quand le soleil rayonne,
    L'orage qui viendra demain! »

LA JEUNE MÈRE

A LA FONTAINE.

A MADAME ANTOINETTE PARDÉ.

Il est de ces fraîches figures,
Belles d'une candeur qu'on ne peut définir,
De ces apparitions pures
Dont l'image sourit à notre souvenir.

J'ai vu tantôt, à la fontaine,
Une mère tenant son enfant dans ses bras;
De sa cruche déjà trop pleine
L'eau débordait, brisée en scintillants éclats.

Mais qu'importait l'eau renversée !
Elle était tout entière à son petit enfant.
    A lui son unique pensée,
A lui son tendre amour, son regard triomphant ;

    A lui son plus charmant sourire ;
A lui ces mots du cœur, si frais, si gracieux,
    Et que les mères, pour les dire,
Ont empruntés sans doute au langage des cieux !

    Je la voyais, d'amour éprise,
Couvrir de cent baisers tantôt ses blonds cheveux,
    Tantôt sa bouche de cerise,
Et sa joue arrondie et ses deux grands yeux bleus ;

    Puis soudain, avec raillerie,
Pour le mieux agacer faire mille détours,
    Retirer sa lèvre chérie,
Et détourner la tête et sourire toujours,

    Tandis que, vers la fugitive,
Le gracieux enfant, l'enfant aux cheveux d'or,
    Rapprochait sa face naïve
Et ses petites mains pour l'embrasser encor.

    O vous qui, près de la fontaine,
De la cruche pesante oubliant le fardeau,
    Ne pensiez pas que l'heure entraîne
Le temps qui toujours passe et fuit comme votre eau.

Je vous enviais, jeune mère!
Je disais : Tous ces biens qu'ici-bas l'on chérit
 Ne sont-ils pas une chimère,
Quand on a comme vous un enfant qui sourit?

 Un bel enfant au teint de rose,
Candide séraphin béni de l'Éternel,
 Et dont l'âme, nouvelle éclose,
S'ouvre, comme une fleur, à l'amour maternel?

 Lorsque sur votre sein qu'il presse
Vous voudriez pouvoir le fixer sans retour,
 Et, pour l'enivrer de tendresse,
Mettre tout votre cœur dans un regard d'amour,

 Alors votre beauté rayonne,
Alors vous ressemblez aux tableaux du saint lieu,
 A ces tableaux où la Madone,
Dans sa sérénité, sourit à l'Enfant-Dieu.

 Mais son front fatigué se penche,
Son œil à demi-clos lutte avec le sommeil;
 Laissez, sur votre épaule blanche,
Reposer mollement son visage vermeil.

 Qu'il dorme, calme et sans envie,
Lorsque le ciel encore est doré devant lui;
 Plus tard l'horizon de la vie
Ne sera plus brillant et pur comme aujourd'hui.

Jamais le sommeil qui l'oppresse
Ne lui sera si doux au séjour des humains,
Qu'ainsi bercé d'une caresse,
Le front sur votre épaule et les pieds dans vos mains.

Les anges, dans un météore,
Planent en souriant et lui jettent des fleurs;
Plus tard, s'ils reviennent encore,
Ils reviendront, hélas! pour essuyer ses pleurs.

LES OISEAUX DE PASSAGE.

A MADAME RICARD.

Avant l'heure où le jour décline,
Viens avec moi sur la colline;
Viens avec moi, nous serons seuls.
Le soleil est brillant encore.
On dirait que c'est lui qui dore
Les cimes jaunes des tilleuls.

Mais déjà le vallon, dans l'ombre,
S'enveloppe d'un brouillard sombre,
Humide linceul des hivers;
Déjà les feuilles desséchées,
L'une après l'autre détachées,
Tapissent les gazons moins verts.

Vois-tu les oiseaux de passage,
Dans nos bois dépouillés d'ombrage

Rassembler leur essaim mouvant?
Ils vont partir avec l'automne;
Leur chant plaintif et monotone
Se mêle au murmure du vent.

Ils sont tristes comme la terre,
Ou comme ton cœur solitaire
Par tant de douleurs abattu.
« O Dieu! disent-ils dans leur plainte,
Où nous entraîne ta voix sainte?
Sur quels bords nous appelles-tu?

» O Dieu! nous quittons avec peine
Le grand bois et la vaste plaine :
Là, nous avons connu le jour;
Là, sur l'aubépine nouvelle,
Nous avons essayé notre aile
Et chanté notre jeune amour.

» Là nous avons, sous l'ombre douce,
Entrelacé le nid de mousse
Que tu nous appris à bâtir.
L'arbre dans sa branche élevée
Berça notre frêle couvée.....
Et voilà qu'il nous faut partir!

» Qu'elle était belle, la patrie,
Avec sa couronne fleurie,
Son manteau vert et son ciel pur,
Quand au matin l'aube superbe

Versait en diamants sur l'herbe
La rosée et les fleurs d'azur !

» Ou quand la reine des étoiles,
La Nuit semait sur ses longs voiles
Des myriades de clartés,
Jusqu'à l'heure où la jeune Aurore
Venait nous convier encore
A de nouvelles voluptés !

» Aujourd'hui la rose est flétrie ;
Au frais zéphyr, dans la prairie,
Ont succédé les froids autans ;
L'hiver et son pâle cortége
Vont couvrir d'un voile de neige
Les atours fleuris du printemps.

» Que ferons-nous, troupe isolée,
Sur cette rive désolée ?
Son horizon devient étroit ;
Chaque jour, dans son ciel de glacé,
Son soleil pâlit et s'efface.....
Comment chanter lorsqu'il fait froid ?

» L'automne fuit, la feuille tombe,
Cette terre est comme une tombe ;
Mais Dieu, pour traverser les airs,
A donné la force à nos ailes.
Salut à vous, routes nouvelles !
Salut, flots orageux des mers ! »

Ainsi la troupe fugitive
Gazouille son hymne plaintive;
Ainsi le signal est jeté.
En ordre elle gagne l'espace,
S'élève, se dirige, passe
Et se perd dans l'immensité.

Demain ils auront pour asile
Le myrte et l'oranger fertile,
Sous un ciel béni du Seigneur;
Demain l'herbe en fleurs et l'eau pure,
Demain la forêt qui murmure
D'un chant d'espoir et de bonheur.

ENVOI.

Triste cœur, quand ta frêle joie,
Comme un roseau qui toujours ploie,
Cède aux désastres d'ici-bas,
Quand la douloureuse tempête
En gémissant sur toi s'arrête,
Espère encor, ne pleure pas.

L'oiseau qui traverse les ondes
Voit, au delà des mers profondes,
Sourire un pays paternel.
Au delà du dernier voyage,
Triste cœur, il est un rivage
Que dore un printemps éternel!

LA MAISON PATERNELLE.

A MON PÈRE.

En vain nous espérons jouir de notre vie
Et récolter un jour le champ ensemencé;
Rarement de ses fruits la semence est suivie.
L'avenir vous dément, promesses du passé!

Un destin, envieux de ce que l'homme espère,
Nous pousse incessamment de séjours en séjours.
Il faut t'abandonner, demeure de mon père;
C'est demain que je pars, demain! et pour toujours!

C'est demain que je pars, doux berceau de ma joie!
Pour la première fois je te contemple en deuil.
Mon cœur a tressailli; mon genou cède et ploie;
Je baise avec respect la pierre de ton seuil.

Je ne connaîtrai plus ni cette paix tranquille,
Ni ces jours d'autrefois, de mes jours les meilleurs;
Tu fus de mon bonheur le témoin et l'asile;
Pourrai-je maintenant être joyeux ailleurs?

Tes gais festins, pour moi, n'abrégeront plus l'heure;
Tu vas être désert, tu vas être vendu;
D'un hôte indifférent devenu la demeure,
Tu n'auras plus d'écho pour mon cœur éperdu.

Si je reviens un jour dans la rue isolée,
Près du portail connu si je m'arrête un jour,
Si je sens de mes pleurs ma paupière voilée,
Si j'attends par instinct le baiser du retour,

Rien ne s'éveillera dans la maison muette;
Du colombier désert les pigeons auront fui;
Le possesseur nouveau de ma douce retraite
N'aura pas respecté ce qui n'est rien pour lui.

Tout sera différent; car tout change sur terre.
Le vieux chien qui gardait le logis autrefois,
Lui-même ayant quitté le toit héréditaire,
Ne me recevra plus avec de gais abois.

Et si je veux franchir encor la porte antique,
Sous le toit paternel étranger désormais,
Je ne m'asseoirai pas au foyer domestique
Maintenant délaissé de tous ceux que j'aimais.

Adieu donc pour toujours, demeure bien-aimée!
Adieu! que l'Éternel protége tes lambris!
Pour répondre à ma voix tu parais animée,
Et ton écho plaintif semble m'avoir compris.

Adieu! sous tes pavés que je foule en silence,
Mon cœur ensevelit plus d'un cher souvenir;
Là gisent confondus tous mes beaux jours d'enfance,
Fleurs mortes au printemps, fruits tombés sans mûrir.

Et quand mon dernier pas aura pressé tes dalles,
Quand je m'éloignerai plein de trouble et d'émoi,
Je ne secoûrai point mes poudreuses sandales;
Ta mémoire à jamais sera sainte pour moi.

Car sous ton humble toit, qu'oubliait la tempête,
Enfant insoucieux, j'ai joui d'un passé
Que je revois de loin et sur la route faite,
Comme un vallon en fleurs par le ciel caressé.

Rouen, août 1838.

LA NONNE ET LA FLEUR.

DANS le jardin du monastère
Rougit une petite fleur.
La nonne pâle et solitaire
Admire en passant sa couleur.

« Hélas! petite fleur, dit-elle,
Comment sais-tu plaire au bon Dieu,
Qui nous a mises, toi si belle
Et moi si triste, au même lieu? »

La fleur lui dit : « Tout est mystère.
Ne te plains pas; ton sort vaut mieux :
Je suis une fleur de la terre,
Tu seras une fleur des cieux! »

L'ARBRE MORT,

ÉLÉGIE COURONNÉE AUX JEUX FLORAUX.

A MON CHER BEAU-PÈRE J. M. H. BOISSEL.

Ne le détruisez pas, l'arbre mort du verger,
Par la mousse envahi, dévoré par l'insecte.
Le feuillage au printemps ne vient plus l'ombrager;
Il est mort; que pourtant la hache le respecte.

C'est un vieux serviteur. La pomme aux sucs de miel
A bien longtemps rougi sur ses branches pliantes;
Dépouillé maintenant, il dresse vers le ciel
Ses rameaux nus pareils à des mains suppliantes.

Il est mort, mais debout. Laissez-le tomber seul.
Qu'importe un jour de plus! J'aime les mousses blanches,
Le lierre serpentant qui lui forme un linceul,
Et la vigne qui monte à l'assaut de ses branches.

Lentement il se tisse un verdoyant manteau
Des arbustes grimpants qu'il emprunte à nos haies,
Le sauvage églantier, la ronce, le sureau,
Tantôt couverts de fleurs, tantôt chargés de baies.

Il a de l'herbe au pied, de la verdure au front;
L'abeille y vient pomper ses odorants mélanges;
L'hirondelle, en passant, se suspend au vieux tronc,
Et sous l'écorce creuse est un nid de mésanges.

Il faudrait donc flétrir toute cette gaîté,
Chasser ce qui verdit et voltige et fourmille;
Faire mourir deux fois l'arbre, ressuscité
Par la fleur qui parfume et l'oiseau qui babille?

Si ce n'est par respect pour ce triste débris,
S'il ne fait plus pitié, lui qui faisait envie,
Que ce soit par égard pour ses hôtes chéris :
Pardonnons à la mort en faveur de la vie.

Ne ressemblons-nous pas, vivants insoucieux,
A ce linceul fleuri jeté sur un cadavre?
Nous aussi nous portons, sous des masques joyeux,
Au plus profond du cœur quelque trait qui nous navre.

Nous enivrons nos maux d'espérance et d'amour;
Oubliant Dieu qui veille au fond du sanctuaire,
Nous dormons, le temps fuit, et la mort chaque jour
Fait du lit un cercueil et du voile un suaire!

La vie est le manteau qui couvre le trépas ;
Sur l'éternelle nuit c'est un rayon qui passe ;
La tombe est sous les fleurs ; ah ! ne déchirons pas
Ce vêtement léger qui pare sa surface.

Épargnons l'arbre mort, emblème amer et doux ;
Laissons, chaque printemps, la clémente nature
Sur ses rameaux étendre, avec un soin jaloux,
Son velours plus épais de fleurs et de verdure.

L'Étang, 23 septembre 1852.

AUX AMIS ÉLOIGNÉS.

Ainsi que l'Océan le cœur a son reflux !
On se quitte, on se perd et l'on ne se voit plus ;
Pourtant on garde en soi d'intimes sympathies
Que l'espace et le temps n'ont jamais amorties.
L'ange du souvenir, l'ange à la douce voix
Vous reparle bien bas des heures d'autrefois.
Lentement, par degrés, l'hymne pieux s'élève ;
On sent couler des pleurs, on espère... et l'on rêve !...
O mystère indicible ! ô vœux irrésolus !
Ainsi que l'Océan le cœur a son reflux.

L'OASIS.

— — —

A MA MÈRE.

Dans la solitude brûlante,
Quand l'Arabe dresse sa tente,
Il connaît, sous des cieux d'airain,
L'asile d'ombre et de verdure
Où Dieu garde une eau toujours pure
Sur la route du pélerin.

Là s'arrête la caravane,
Sous le palmier, sous le platane,
Près de la source aux fraîches eaux;
De l'oasis l'hôte sauvage
Bénit l'arbre épais qui l'ombrage,
L'onde où s'abreuvent ses chameaux.

Le monde n'est-il pas semblable
A ces déserts où, sur le sable
Qui roule ses flots courroucés,
L'homme, créature légère,
Dresse une tente passagère
Sur la poudre des temps passés.

Parmi la caravane humaine,
Qui suit la route où Dieu la mène
Sous les feux d'un ciel dévorant,
Chaque fois que je prends ma course,
Je songe au palmier, à la source,
L'espoir du voyageur errant.

Ton cœur, ô ma mère chérie!
Voilà mon oasis fleurie,
Source de sagesse et d'amour
A se répandre toujours prête,
Palmier qui protége ma tête
Contre la vive ardeur du jour.

Je veux garder mon doux ombrage.
Toi, qui commandes à l'orage,
O Dieu! défends l'arbre aux fruits d'or!
Soleil, qui dévores la plaine,
Ne dessèche pas la fontaine
Où je veux m'abreuver encor!

LE NOUVEAU-NÉ.

A L'AUTEUR DU LIVRE DES JEUNES MÈRES,

LE VICOMTE A. DE BEAUCHESNE.

Enfant! petit enfant, si charmant mais si frêle,
Qui nous contemplez tous d'un regard étonné,
Comme un petit oiseau qui ne connaît que l'aile
Et le duvet du nid dans lequel il est né;

Vous ne savez encor ce qu'on appelle vivre;
Vous acceptez l'aurore éclatante au matin,
Sans vous inquiéter du jour qui doit la suivre;
Car vous ne connaissez ni passé ni destin.

Déjà pourtant votre œil sourit à votre mère;
Vous la cherchez la nuit, vous la cherchez le jour;
De loin vous l'appelez par une plainte amère,
De près vous lui tendez les bras avec amour.

Déjà vous tressaillez de joie et de souffrance,
Et vous comptez pourtant moins de jours que de pleurs.
Les pleurs! Dieu les plaça dans les yeux de l'enfance,
Ainsi que la rosée au matin dans les fleurs.

Pleurez, cher nouveau-né, pleurez toutes vos larmes,
Quand vos douleurs ne sont que des chagrins légers;
Et qu'aux jours où la vie a de dures alarmes,
Le ciel calmé vous soit avare de dangers.

Que le temps soit pour vous la coupe aux doux breuvages;
Que ce flot orageux, qu'on appelle les jours,
Coule pour vous limpide entre deux beaux rivages;
Que nul souffle du nord n'en ternisse le cours.

Si pour vous je pouvais tracer la destinée,
J'ouvrirais devant vous de paisibles chemins;
De bonheur en bonheur doucement promenée,
Chaque heure de ses dons surchargerait vos mains.

Mais pourquoi? l'avenir vous berce et vous caresse,
Des sourires amis vous font un doux accueil,
Et le cœur maternel, ce foyer de tendresse,
Sous vos pas incertains éclairera l'écueil.

Et moi, que puis-je enfin, cher ange que j'adore?
Si ce n'est de sourire à votre front vermeil,
Et de prier pour vous et de redire encore
Ces chants qui berceront votre léger sommeil;

Ces chants pour qui déjà le long oubli commence;
Chants plus vite effacés qu'une ride sur l'eau,
Que le premier rayon qui, lors de la naissance,
D'un reflet fugitif dora votre berceau.

LE VIEUX GRAND-PÈRE.

C'ÉTAIT un groupe plein de grâce,
D'amour et de naïveté.
Un bon vieillard que l'âge glace
Asseyait, d'un air attristé,
Une enfant vive de tendresse
Sur ses genoux vieux et tremblants,
Et mêlait à sa blonde tresse
L'argent pur de ses cheveux blancs.

Le soir était beau; car l'automne,
Comme un printemps avant l'hiver,
Craignait d'effeuiller la couronne
De l'arbre encor ombreux et vert.
Dans la retraite solitaire
Où leur amitié s'unissait,
L'enfant écoutait son vieux père,
Et le bon vieillard lui disait :

« Mon enfant, fille de ma fille,
Viens-t’en sur mes genoux t’asseoir;
J’aime ton œil bleu qui scintille
Comme j’aime l’astre du soir;
J’aime tes poses gracieuses,
Et ne puis jamais me lasser
De sentir tes lèvres rieuses
Sur mon front ridé se presser.

» Souris-moi! dans ma peine amère
Ton sourire me fait du bien;
Car le sourire de ta mère
N’était pas plus doux que le tien.
Une tendre mélancolie
Comme les tiens baignait ses yeux;
Elle était comme toi jolie,
Ma fille, ange venu des cieux.

» N’est-ce pas, tu l’aurais chérie,
Ta mère? Elle eût bien su t’aimer!
Je te vois toujours attendrie
Lorsque tu m’entends la nommer.
Mais non, tu n’as pu la connaître;
Dieu, bénissons ses saintes lois!
N’a pas ici-bas voulu mettre
Deux cœurs aussi purs à la fois.

» Je m’en souviens! pâle en sa couche
Elle pleurait les yeux au ciel;
Elle déposait sur ta bouche

Le premier baiser maternel...
Soudain elle devint tremblante,
Et, comme un épi moissonné,
Retomba, muette et mourante,
Sur toi, pauvre enfant nouveau-né.

» J'ai vu ses yeux chéris se clore.
Toi, tu ne connais qu'un sommeil;
Mais il en est un autre encore
Qui n'a ni matin ni réveil.
Ta pauvre mère, elle était morte!...
Morte!... Hélas! tu n'as pas compris.
Ce mot amer, le vent l'emporte
Sans qu'il ait glacé ton souris. »

Puis, de douleur l'âme assaillie,
Et cachant son front dans sa main,
Le vieillard se tut. Recueillie,
L'enfant écoutait; mais soudain,
Sentant une larme secrète
Couler à travers ses cheveux,
Elle éleva vers lui sa tête
Mélancolique et ses yeux bleus.

Il reprit : « Vois-tu bien, ma fille,
Là-haut, sur nous, de tous côtés,
Ce grand dôme sombre qui brille
De mille sublimes clartés;
Ces astres d'or et de lumière,
Et ces mondes multipliés,

Flots d'une éternelle poussière
Que Dieu soulève sous ses pieds?

» C'est là que s'en vont ceux qui meurent,
S'ils ont été justes et bons.
Tandis que leurs amis les pleurent
Et se souviennent de leurs noms,
Bien loin par delà les nuages,
Ils s'envolent vers ce beau lieu,
Où le calme, après les orages,
Les attend dans le sein de Dieu.

» C'est là que ta mère est allée!
Elle nous aime de là-haut.
Je sens que mon âme exilée
Ira l'y rejoindre bientôt;
Mais, de cet asile des justes,
Nous veillerons sur tous tes pas,
Et, plus tard, dans ces lieux augustes,
Nous te reverrons, n'est-ce pas?... »

Après un effort inutile,
Le vieillard se tut, ferma l'œil,
Puis, avec un soupir, débile,
Il s'affaissa dans son fauteuil.
L'enfant le regardait, naïve,
Avec ses yeux irrésolus;
Elle était toujours attentive...
Mais le vieillard ne parlait plus.

Il dormait sans doute, et muette
Elle se blottit dans son sein,
Comme en son nid une fauvette...
Et l'on trouva le lendemain
La jeune enfant, rose et légère,
Qui dormait, innocente, hélas!
Sur les genoux de son vieux pèrę,
Déjà glacé par le trépas.

LE CIMETIÈRE NEUF.

———

Dans le cimetière aux murs blancs
Où ne repose encor personne,
Ont poussé des blés opulents,
Et pour le pauvre on y moissonne.

Seigneur, quelque jour, dans ces murs
On moissonnera pour vos granges;
Nos morts seront les épis mûrs,
Les moissonneurs seront vos anges.

Pourvoyeurs de vos cieux d'azur,
Ils feront la récolte humaine,
Gardant pour vous le froment pur
Et jetant la stérile graine.

Dans le cimetière aux murs blancs,
Faites, quand je serai sous l'herbe,
Qu'un de vos anges consolants
Me trouve assez mûr pour sa gerbe!

Saint-Gaultier, 9 septembre 1854.

UN ÉVANGILE APOCRYPHE.

A M. L'ABBÉ FÉLIX CHAUVIN.

J'ai lu dans un vieux livre une aimable légende;
Nos aïeux y croyaient, eux dont la foi fut grande.
Ce vieux livre est proscrit; mais mon cœur le défend;
Je l'aime. Il nous fait voir Jésus petit enfant.

« Avec ses compagnons, dit l'antique évangile,
Un jour il pétrissait des oisillons d'argile.
Ceux des autres enfants, grossiers, appesantis,
S'écrasaient sur le sol dont ils étaient sortis.
Mais ceux qu'avait formés cette main plus qu'humaine,
Sur l'herbe déposés, n'y demeuraient qu'à peine.
Ils ouvraient tout à coup leurs ailes, s'envolaient,
Et par leurs cris joyeux, par leurs chants, ils allaient,
Anges mélodieux, répandre sur la terre
Je ne sais quel écho d'amour et de mystère. »

Jésus nous a quittés; mais le sublime Auteur
Au poète a légué son pouvoir créateur.
Ces vers que vous tracez sur une page morte
Sont aussi des oiseaux qu'un vol sublime emporte :
Dans votre cœur éclos, ils traversent les cieux,
Ils viennent jusqu'à moi, chanteurs délicieux;
Leur troupe aérienne, ouvrant ses ailes blanches,
Mêle votre hymne au bruit du feuillage et des branches.
C'est vous que dans leurs voix j'écoute avec langueur,
Et votre amitié chante aux échos de mon cœur.

Longefont, juin 1864.

CONSOLATION.

———

OH! non, il n'est pas sous la tombe!
Partout il te suit, il te sent;
Et son âme, blanche colombe,
T'effleure de l'aile en passant.

Ce peu de poussière et d'argile
Qu'emportera le vent demain,
Ce débris, vêtement fragile
Qu'on dépose au bout du chemin,

Tout ce que l'étroite demeure
Pour l'éternité renferma,
Ce n'est pas l'ami que l'on pleure,
Le noble cœur qui nous aima!

Lui! c'est le souvenir, c'est l'âme,
Chère compagne de nos pas,
Qui nous éclaire, douce flamme,
Douce voix, nous parle tout bas!

Ne t'incline donc pas, muette,
Sous le poids du destin cruel;
Lève plutôt, lève la tête :
Pleure, mais regarde le ciel!

SANS ESPOIR.

Sans espoir, de pleurs mouillée,
Une mère, agenouillée,
Posait, la première fois,
Sur une tombe nouvelle,
Sa couronne d'immortelle
Au pied d'une simple croix.

Comme un voile de mystère,
Le brouillard couvrait la terre;
La nuit tombait du coteau,
Et la brise monotone
Roulait la feuille d'automne
Sur la pierre du tombeau.

Ployant sous sa peine amère,
Elle pleurait, pauvre mère,
Car son enfant était là...
Une forme vague et sombre
Lentement passa dans l'ombre,
Une douce voix parla :

« Oh! merci de la couronne
Que ta tendresse me donne,
Comme un gage de douleurs ;
Couronne où ta main enlace
Ce qui dure et ce qui passe,
Les immortelles, les fleurs.

» Hélas! ainsi vont les choses ;
J'ai vécu comme les roses,
Je suis la fleur de deux jours.
Mais pourquoi verser des larmes ?
Ton enfant n'a plus d'alarmes ;
Son cœur est à toi toujours.

» Quand la nuit étend ses voiles,
Je mêle aux blanches étoiles
Mon âme, leur jeune sœur ;
Et sur toi j'aime à répandre
Un rayon suave et tendre
Comme un souvenir du cœur.

» J'entretiens la rêverie
Qui dans ton âme meurtrie

Verse encore un peu de miel;
D'en haut planant sur la terre,
Je t'aime toujours, ma mère,
Et je vais t'attendre au ciel! »

La voix se tut, la jeune âme
S'éteignit comme une flamme...
Quand la pauvre mère, au soir,
Revenait prier encore
Sur la tombe qu'elle adore,
Ce n'était plus sans espoir.

Novembre 1834.

LES CLOCHES DU SOIR.

TRADUIT DE TH. MOORE.

Cloches du soir, votre douce harmonie
Parle à mon cœur du paternel manoir,
Des jours d'enfance où votre voix bénie
Me fit rêver, saintes cloches du soir!

De ces beaux jours loin est la dernière heure,
Et plus d'un cœur qui palpitait d'espoir
Dort maintenant dans la sombre demeure,
Sourd à vos voix, saintes cloches du soir!

Je les suivrai, ces âmes envolées.
Un autre barde ici viendra s'asseoir;
Une autre voix, du fond de ces vallées,
Vous chantera, saintes cloches du soir!

FRÈRE ET SŒUR.

LA-HAUT, dans les cieux limpides,
Ensemble voyez errer
Ces deux colombes rapides,
Que rien ne peut séparer.

Dans l'azur que l'aube enflamme
Elles montent, blanches sœurs;
Elles n'ont qu'une seule âme,
Une seule âme en deux cœurs.

Vers un unique rivage
Tend leur essor hasardeux;
Quand vient à gronder l'orage,
Elles tremblent toutes deux.

Pour toutes deux la fortune
N'a qu'un seul destin écrit;
Que la foudre frappe l'une,
L'autre avec elle périt.

Toutes deux elles partagent
Le grain des petits oiseaux,
Et toutes deux se dégagent
Des piéges et des réseaux.

L'une au col de l'autre essuie,
Avec mille soins charmants,
Les froides gouttes de pluie
Qui roulent en diamants.

Le même accord harmonise
Leur hymne de chaque instant,
Hymne de l'homme incomprise,
Mais que le Seigneur entend.

Et leur existence entière,
Sortant du monde réel,
Plane, comme une prière,
Entre la terre et le ciel.

———

Frère et sœur qui l'un sans l'autre
Ne pouvez vivre un seul jour,
Ce doux emblème est le vôtre,
Ce doux emblème d'amour.

Ainsi, dans vos âmes d'ange,
Maux ou biens de l'amitié
Se fondent en un échange
Où chacun a sa moitié.

Allez, colombes fidèles;
Que, dans un ciel calme et pur,
Dieu, pour déployer vos ailes,
Vous donne un limpide azur!

Que toujours il vous contemple
D'un regard clément et doux;
Et moi j'irai dans le temple,
J'irai le prier pour vous.

LES HIRONDELLES,

SONNET.

———

A MADAME RICARD.

JOUEZ-VOUS, noires hirondelles,
Dans les derniers feux du soleil;
J'aime entendre, ô troupes fidèles,
De vos cris le joyeux éveil.

Le rayon qui dore vos ailes
D'un éclat limpide et vermeil,
Expire en des flots d'étincelles,
Au bonheur des humains pareil.

Suivez votre vol qui tournoie;
Demain reviendront et la joie
Et le jour peu de temps caché.

Mais combien d'âmes solitaires
Vont pleurant, sur ces tristes terres,
Leur soleil à jamais couché.

LE CAP NORD.

O voyageur! pourquoi te hâter dans ta route?
Pourquoi toujours errer de l'espérance au doute,
    Et du rêve au néant?
Pour aboutir au point où, debout sur la plage,
Tu n'apercevras plus que la mer sans rivage
    Et le gouffre béant!

O voyageur! tes pas ont franchi la Norwége;
Le cap Nord s'est dressé devant toi, sous la neige,
    Battu des flots amers.
Qu'as-tu vu? des rocs noirs, masses stratifiées,
Gigantesque chaos, flammes pétrifiées
    Qui s'élancent des mers.

Aucun être vivant n'ose habiter ces crêtes;
Sur le cap désolé rugissent les tempêtes,
      Les vents sont déchaînés.
Tantôt un brouillard sombre enveloppe les cimes,
Tantôt se déchirant, il montre des abîmes
      Et des rocs décharnés.

Au désert africain ceux que la soif dévore,
Sous le soleil ardent gardent l'espoir encore,
      Même au sein des douleurs;
Car l'hospitalité des tribus musulmanes
Promet le ruisseau pur et l'ombre aux caravanes
      Dans l'oasis en fleurs.

Ici, pas un rayon qui dans le cœur s'allume;
Ici, rien que les rocs, les ouragans, la brume,
      L'obscurité du Nord;
Ce que serait enfin, si Dieu brisait la terre,
Le cadavre d'un monde à jamais solitaire,
      Inhabitable et mort.

Ici, le désespoir assombrit la pensée;
C'est un manteau de plomb qui tient l'âme glacée,
      Qui l'accable et l'étreint.
Tout ajoute aux horreurs de cet ennui sans borne,
Jusqu'à ce lac qui dort là-bas, livide et morne,
      Dans un cratère éteint.

Mais comme il faut que Dieu ne soit pas implacable,
Qu'il plaigne à leur insu ceux mêmes qu'il accable

De toutes ses rigueurs,
Qu'il mêle un peu d'espoir aux horreurs du martyre,
Et répande en secret l'aumône d'un sourire
Dans les plus tristes cœurs,

Quand le soleil avare à travers les rafales
Laisse parfois glisser quelques rayons moins pâles
Dans cet abîme obscur,
Le bleu myosotis, dernière fleur des pôles,
Fleur des doux souvenirs, ouvre parmi les saules
Ses étoiles d'azur.

Juillet 1848.

LOIN DU MONDE.

Ne rêve plus, mon cœur, de gloires insensées;
    Sois calme et pur;
Crains l'éclat, rétrécis ton cercle de pensées
    Au chaume obscur;
De ton âme et de Dieu fais ton unique étude;
    Loin du grand jour,
Nourris-toi, dans la paix et dans la solitude,
    D'ombre et d'amour.

Toute gloire est pareille à la rose brillante
    Qui nous sourit,
Mais qui laisse à nos doigts une trace sanglante
    Et se flétrit.
O bonheur! je te vois assis sous l'humble vigne
    De la maison,
D'où ton sourire aimant m'appelle et me fait signe
    A l'horizon.

Me voilà! me voilà! pourquoi donc tarderais-je
  . A revenir?
Dieu seul, dont aujourd'hui la bonté nous protége,
  Voit l'avenir.
. Ce que le sort voilé dans ses mains nous apporte,
  Lui seul l'a mis;
Lui seul sait si les jours qui heurtent à la porte
  Nous sont amis.

Puisque le temps présent est doux, laissons-nous vivre
  En nous aimant;
Savourons à loisir la coupe où nous enivre
  Le Dieu clément.
Puis espérons en Lui, qui nous a fait la vie
  Tant à souhait,
Que tel, dont le bonheur semble un objet d'envie,
  Nous l'envîrait.

Réservez-moi, Seigneur, un sort toujours le même;
  Je ne veux rien.
Un petit coin à l'ombre, une épouse que j'aime,
  Voilà mon bien.
Daignez donc protéger ma retraite isolée;
  Faites mes jours
Semblables au ruisseau qui suit, dans la vallée,
  Son faible cours.

Jamais hors de son lit il ne porte son onde
  Avec fureur;

Jamais il n'envahit la prairie et n'inonde
      Le laboureur.
Il va, parmi les fleurs, sans que son frais murmure
      Soit entendu;
On ne voit même pas, sous l'épaisse verdure,
      Son flot perdu.

On cherche en vain pourquoi les herbes sont plus vertes
      Au bout du pré,
Et pourquoi son tapis de plus de fleurs ouvertes
      Est diapré;
Car le ruisseau caché, qui gazouille insensible
      Dans ce beau lieu,
Inconnu du vulgaire, est seulement visible
      A l'œil de Dieu.

Août 1850.

LIVRE TROISIÈME.

—

CHARITÉ.

5. Et maintenant la prière que je vous fais.....
suivant ce qui nous a été ordonné dès le commen-
cement, c'est que nous nous aimions les uns les
autres.

6. Or, le propre de la charité est de nous faire
marcher dans la voie des commandements de Dieu.

SAINT JEAN, Ép. II.

O douce charité, comble-nous de tes grâces !
O providence d'ici-bas,
Est-il un mal que tu n'effaces ?
Les méchants, s'il en est, sont ceux qui n'aiment pas.

CH. NODIER.

CHARITÉ.

A MA SECONDE MÈRE

MADAME VICTOIRE RICHER.

Que le peuple crédule admire
L'orgueil et le hautain sourire
Du publicain ivre de soi,
Qui donne en criant à la foule :
« Voyez ! l'or de mes mains découle ;
Je suis généreux comme un roi ! »

Qu'il admire ces grands du monde,
Pour qui nul orage ne gronde,
Pour qui nuls malheurs ne sont faits,
Dont l'aumône est un vain caprice,
Et qui n'ont d'aucun sacrifice
Payé leurs fastueux bienfaits.

Le monde est leur unique oracle;
Leur charité n'est que spectacle.
En vérité je vous le dis,
Ils ont reçu leur récompense,
Et leur bienfait, vaine semence,
Tombe sur des rochers maudits.

Ceux qui mériteraient des temples,
Ceux dont les sublimes exemples
Devraient fructifier en-nous,
Nobles cœurs que toutes les races
Devraient suivre en baisant leurs traces,
Et ne nommer qu'à deux genoux;

C'est le bienfaiteur qui se cache,
Le Samaritain qui s'arrache
Son dernier vêtement de lin,
La veuve qui porte, débile,
Les deniers du saint Évangile
Dans le trésor de l'orphelin;

C'est cette âme mystérieuse,
Chère à la pauvreté pieuse,
De qui Dieu seul dirait le nom ;
Qui, dans son dévoûment sublime,
Rougit, comme d'autres d'un crime,
De sa généreuse action ;

C'est celle qui travaille et veille,
Qui sur l'épargne de la veille
Met l'épargne du lendemain,
Gardant à chacun, douce et bonne,
Son trésor d'amour et d'aumône
Pour tous les malheurs du chemin ;

Ce sont enfin ceux à qui coûte
Le bienfait sué goutte à goutte,
Né du long travail de leurs mains ;
Ceux-là, dans le séjour de l'homme,
Passent sans qu'une voix les nomme ;
Ils craignent l'écho des humains.

Cependant leurs mains toujours sûres
Guérissent toutes les blessures,
Leur bonté tarit tous les pleurs,
Et leur nom, à travers son voile,
Comme une consolante étoile,
Brille dans la nuit des douleurs.

A ceux-là, mon Dieu, l'auréole !
Anges, pesez leur sainte obole
Dans la balance du Seigneur ;
Que pour le bienfaiteur modeste
Soit toute la gloire céleste,
Car le ciel même est dans son cœur !

LA CRÈCHE,

STANCES

A UNE JEUNE MÈRE.

L'idée d'un refuge où les enfants nouveau-nés, admis pendant
le jour moyennant une rétribution quotidienne de 20 cent.,
reçoivent la nourriture et les soins que réclame leur délica-
tesse, appartient à M. Marbeau, maire du premier arron-
dissement de Paris, et à feu M. Framboisier de Baunay,
mort directeur de Sainte-Périne, organisateur de la première crèche, la crèche de Chaillot, qui fut ouverte et
bénite le 14 novembre 1844.

Les arbres étendent leurs branches,
D'un givre argenté toutes blanches;
Un soleil glacé brille aux cieux;
La cité, que l'hiver assiége,
Tremble, et sur un linceul de neige
Les chars roulent silencieux.

Il fait froid; mais, dans votre asile,
Le foyer brûlant et tranquille

Contre les frimas vous défend;
Qu'importe la saison amère :
Vous souriez, heureuse mère,
Aux caresses d'un bel enfant!

Son œil sous votre œil étincelle;
C'est vous qu'il cherche, qu'il appelle;
C'est de vous qu'il veut un baiser
Sur cette joue encor plus fraîche
Que le frais velours de la pêche,
Où l'abeille aime à se poser.

Aussi quel tourment! quelle crainte!
La nuit, à sa première plainte,
Vous vous réveillez en sursaut.
Parfois s'il s'agite, inquiète,
Vous avez peur qu'il ne rejette
Son lange bien doux et bien chaud.

Le jour, sous sa blanche pelisse,
Craignant que l'air froid ne se glisse,
Vous prenez un soin diligent.
C'est que la bise est si glacée
Qu'elle traçait, la nuit passée,
A vos carreaux des fleurs d'argent.

Mais songez-vous parfois, Madame,
Quand ce cher souci de votre âme
Est là souriant sous vos yeux,
Qu'il est quelque autre mère encore

N'ayant, pour l'enfant qu'elle adore,
Ni berceau, ni langes soyeux ?

Elle est là, près de vous peut-être,
Sans feu, sans vitre à sa fenêtre,
Doutant de Dieu, son seul appui.
Transi de froid, dans sa demeure,
Toute la nuit son enfant pleure,
Et la neige tombe sur lui.

Pour lui point de pelisse épaisse,
Mais quelque lange usé, qui laisse
Entrevoir son corps amaigri ;
De sa mère le sein aride
Verse à peine, à sa bouche avide,
Un lait par la douleur tari.

Avant que le soleil paraisse,
Pauvre ouvrière, elle s'empresse
De courir au travail lointain ;
Et lui, que personne ne garde,
Jusqu'au soir remplit la mansarde
De cris de douleur et de faim.

Pour vous quelle affreuse tristesse,
Si l'enfant de votre tendresse
Souffrait tant de maux un seul jour !
Songez à cette pauvre femme,
Et puis mesurez, dans votre âme,
Son désespoir à votre amour.

Eh bien! cette mère qui souffre,
Qui voit la misère, affreux gouffre,
Lui fermer partout le chemin,
Vous pouvez calmer sa souffrance,
Et, plein de vie et d'espérance,
Son enfant sourira demain.

Sous l'inspiration céleste,
Une bienfaisance modeste
Ouvre aux nouveau-nés un abri,
Souvenir de la Crèche austère
Où Dieu, descendu sur la terre,
Enfant, à la Vierge a souri.

La Crèche, asile salutaire,
Où, pour un modique salaire,
La travailleuse au pas pressé,
Courant où sa tâche l'appelle,
Livre à la plus douce tutelle
Son enfant jadis délaissé.

La Crèche, où la charité veille,
Où le nouveau-né s'émerveille
Du soleil qui vient l'éclairer;
La Crèche, où tant de pauvres anges
Apprennent, dans de plus doux langes,
Qu'on peut vivre un jour sans pleurer.

Ah! donnez de votre opulence,
Pour que l'enfant de l'indigence,

Qui frissonne dans un lambeau,
Trouve chaque jour à la Crèche
Le long sommeil, la santé fraîche,
La chaleur d'un moelleux berceau.

Donnez! ce que votre main sème,
A votre enfant, dans le ciel même,
Sera compté comme un trésor;
Donnez, pour que Dieu lui sourie!
Souvent pour lui votre cœur prie;
Bien faire, c'est prier encor.

Donnez! la pauvreté fidèle,
Sur le berceau fondé pour elle
Lira le nom de votre enfant.
Chaque jour une heureuse mère
Le nommera, dans sa prière,
Avec un souris triomphant.

Et les prières maternelles,
Comme les anges, ont des ailes
Pour s'élancer de ce doux nid.
A ces vœux qu'une mère adresse,
Les cieux tressaillent d'allégresse,
Le monde espère, et Dieu bénit!

Juin 1846.

LES

ENFANTS DES FAUBOURGS.

VERS LUS A LA SÉANCE DONNÉE AU BÉNÉFICE DE L'ŒUVRE
DES FAUBOURGS, LE 9 MAI 1849.

Dans les faubourgs de Paris, abondent d'immenses misères
matérielles et morales, dont l'insurrection de juin 1848 a
manifesté toute la profondeur.
L'œuvre des faubourgs, établie à cette époque, patronne les
enfants pauvres, les visite dans leurs familles, leur ouvre l'accès
des écoles et pourvoit autant que possible à leurs besoins.

Vous avez rencontré ces enfants de Paris,
Errants par les faubourgs, débiles, amaigris;
Mais portant fièrement leur blouse lacérée,
Dardant un mot railleur à la pointe acérée,
Fixant sur tous un œil curieux et changeant,
Trop hardi quelquefois, toujours intelligent?
Prompts au mal comme au bien, faciles à séduire,
Le clinquant comme l'or leur plaît et les attire;
Tout est pour eux spectacle; un supplice odieux,
Aussi bien qu'une fête, enchantera leurs yeux.
Il est un bruit surtout qui les exalte encore;
C'est le chant du clairon, c'est l'orchestre sonore

Que suit un régiment, déployant au regard
Son brillant uniforme et son vieil étendard.
Leur jouet le plus beau, c'est le débris d'une arme;
Ils sont fils de soldats et la guerre les charme.
Aussi quand, pour l'émeute ou pour la liberté,
Un cri provocateur dans le peuple est jeté,
Et quand le rappel bat parmi la foule accrue,
Qui lève le premier un pavé dans la rue?
Qui, devant les canons grondant aux carrefours,
Succombe le premier? — Un enfant des faubourgs!

Un enfant des faubourgs, un noble cœur sans doute.
Oui! s'il n'eût pas erré sans appui dans sa route,
Profanant ses habits et sa jeune candeur
Aux fanges de la ville où trône l'impudeur,
N'apprenant dans la rue ou sur d'infimes scènes
Que des leçons de vice et des refrains obscènes;
S'il eût été formé, par l'exemple du bien,
Aux généreux devoirs d'homme et de citoyen;
S'il avait fécondé, dans une enfance active,
La délicate fleur de sa vertu native;
S'il avait fréquenté l'école et le saint lieu,
Grandi dans le respect d'une mère et d'un Dieu,
Au lieu d'amers loisirs dont il est la victime,
Il eût connu l'honneur, aimé la paix intime,
La gloire du travail, le devoir accompli,
Et le repos qu'on goûte après un jour rempli.

Il eût donné de même et son sang et sa vie;
Mais, connaissant sa cause et l'ayant bien servie,

Mais, sachant limiter ses droits aux droits d'autrui,
Esclave du devoir, il serait mort pour lui;
Au lieu de s'immoler, séide expiatoire,
A quelque aventurier que flétrira l'histoire,
Et qui jette à la foule un mot retentissant
Pour s'ouvrir au pouvoir un chemin dans le sang.

Race ardente, faible nature,
Trop souvent livrée en pâture
A qui veut lui donner des lois,
Faite aussi pour frapper le monde,
Quand, au jour où la foudre gronde,
Dieu lui-même emprunte sa voix!

De quel limon, de quel bitume
Sont pétris des cœurs où s'allume
Tantôt ce feu dévastateur,
Et tantôt cette clarté pure,
Phare qui luit dans l'ombre obscure,
Étoile du navigateur?

Est-il une noble carrière
Où d'une éclatante lumière
Les fils du peuple n'aient brillé?
Molière naquit à la halle;
Le Poussin, cette âme idéale,
Sous le chaume s'est éveillé.

Fléchier, cette voix noble et triste;
Daubenton, le naturaliste;

Jacquart, l'inventeur de métiers;
Jean-Bart, le dompteur de tempêtes;
Rousseau, Gilbert et cent poètes :
Qu'étaient-ils? — Des fils d'ouvriers!

Et sur tous les champs de bataille?...
C'est Junot, bravant la mitraille;
C'est Lannes, vainqueur tant de fois;
C'est Hoche, soldat patriote;
C'est Murat et c'est Bernadotte,
De paysans devenus rois!

Des plus nobles vertus Dieu mit en eux le germe.
Ouvrez donc une issue aux moissons que renferme
　　Cette race pleine d'espoir;
Versez à flots sur eux la clarté qui ranime.
Il ne faut, pour charmer ce peuple magnanime,
　　Qu'un peu d'amour et de savoir.

Donnez! l'aumône est sainte alors qu'elle est utile;
Mais si vous rencontrez quelque enfant par la ville,
　　Chantant et vous tendant la main,
Le peu qu'il vous arrache est charité perdue :
On ne voit pas germer la graine répandue
　　Entre les pierres du chemin!

Repu, mais avili par le sou qu'on lui jette,
Il saura que l'aumône amassée en cachette
　　Enrichit plus que l'atelier.

Bientôt vous l'entendrez, forçant sa voix plaintive,
Attendrir les passants d'une peine fictive,
    Quand il devrait être ouvrier.

Et dès lors il ira tomber, fragile proie,
Dans le gouffre béant où la vertu se noie,
    Lui qui pouvait monter si haut !
Déshonoré !... Flétri !... Voilons ce tableau sombre ;
J'aurais peur d'entrevoir le bagne, et, loin dans l'ombre,
    Les bras sanglants d'un échafaud !...

Cet enfant a du cœur pourtant ; son âme est belle ;
Je vois dans son regard une vive étincelle,
    De la fierté dans son maintien.
Si l'on développait l'instinct qu'il fait paraître,
Il pourrait devenir honnête homme... et peut-être
    Serait-il un grand citoyen !

Pour que ce pauvre enfant apprenne un jour à lire,
Pour que cet ignorant avide de s'instruire
    Satisfasse à son noble vœu,
Pour que, s'illuminant aux feux de la science,
Il sache partager toute son existence
    Entre sa patrie et son Dieu,

Que faut-il ? Peu de chose. Apportez donc l'obole
Qui doit communiquer aux pauvres l'auréole
    Dont vos enfants sont radieux,
Ce rayon du savoir qui rend l'âme meilleure,
Plus apte à la vertu, plus insensible au leurre
    Des méchants et des envieux.

Ces enfants deviendront concitoyens des nôtres ;
Le bien fait pour les uns jaillira sur les autres :
    C'est la loi de l'humanité !
Donnons ! pour que nos fils, plus heureux que nous-mêmes,
N'entendent pas ces pleurs, ces cris, ces anathèmes,
    Dont notre siècle est attristé.

Donnons ! et ces enfants, mieux instruits que leurs pères,
Sauront que ce qui rend les destins plus prospères,
    C'est le travail de chaque jour ;
Plus aimants, ils seront plus dignes qu'on les aime ;
Et de l'égalité l'insoluble problème
    Sera résolu par l'amour !

LA

COLONIE DE METTRAY.

A MM. DE METZ ET DE BRETIGNIÈRES,

FONDATEURS DE LA COLONIE.

> Loyauté passe tout.
> *Devise de l'anneau de Mettray.*

La colonie de Mettray recueille les enfants coupables d'une
première faute et dont un tribunal a ordonné la détention
dans une maison de correction. — Ces enfants y reçoivent
une éducation religieuse et agricole qui les met à même de
gagner honnêtement leur vie.

Sous un ciel pur, au sein d'un fécond territoire,
Tours se baigne et se mire aux ondes de la Loire.
Sur les eaux elle jette un pont, solide frein
Que ronge incessamment le fleuve souverain.

Lorsque le voyageur a gravi la colline
Qui commande la Loire et la cité voisine,
Il aperçoit de loin des bâtiments nouveaux

Isolés au milieu de fertiles plateaux.
Il s'approche séduit, et de la métairie
Il admire avant tout l'heureuse symétrie.
Bientôt il s'intéresse à ces humbles logis
Couverts d'ardoise bleue, et dont les murs blanchis
Voilent leur nudité de pampre et de feuillage.
Est-ce une vaste ferme? Est-ce un petit village?
Cet élégant clocher, qui s'élançant aux cieux,
Y conduit à la fois la pensée et les yeux,
Au regard du passant, jalon sacré, signale
Un but religieux, une œuvre de morale.
Tout à coup il entend le clairon retentir,
Voit s'ouvrir les maisons et des enfants sortir.
Leur foule en rangs égaux, avec ordre, en silence,
Bataillon travailleur, se divise, s'avance,
Obéit à la voix; car les groupes nombreux
Ont des chefs, et ces chefs sont des enfants comme eux.
Sur l'épaule portant ou la pioche ou la tranche,
La pelle, le râteau, le pic à double branche,
Ils s'éloignent d'un pas égal et régulier,
Chaque escouade suivant un différent sentier.
S'ils croisent en chemin un passant solitaire,
Tous les enfants lui font le salut militaire.
Des chaussures de bois protégent leurs pieds nus;
Leurs vêtements pareils sont de grossiers tissus.
Soit que l'été rayonne ou que souffle la bise,
Un berret bleu de laine, une tunique grise,
Telle est de leurs habits la rude austérité;
Mais rien ne paraît pauvre avec la propreté,
Et c'est avec plaisir qu'on voit, qu'on examine

Leur air gai, franc, ouvert, leur stricte discipline.
On croit comprendre alors que l'on a sous les yeux
Un charitable asile où, par des soins pieux,
Des fils de laboureurs apprennent dès l'enfance
Ce qui de leur métier doit faire une science.
Il faut le dire, hélas! tous ces infortunés
Sortent de quelque geôle, et tous sont profanés.
Fils de mauvais parents, ou nourris par l'hospice,
Ils ont tous comparu dans les cours de justice.
Précoces criminels, leur âge seulement
Les a fait exempter d'un juste châtiment.
Or ce lieu si charmant et si frais, dont les hôtes
Sont de pauvres enfants déjà souillés de fautes,
Que l'on forme à l'amour du beau, du bien, du vrai,
Pour les rendre au pays purs et bons, c'est METTRAY.

Un matin, deux passants qu'un même attrait, sans doute,
Conduisait à Mettray, cheminaient sur la route.
L'un d'eux, un étranger, pour la première fois
Parcourait ce pays; mais l'autre, un villageois,
S'avançait d'un pas vif, joyeux, plein d'assurance,
Et saluait des lieux connus de son enfance.

« Monsieur, dit l'étranger, vous connaissez Mettray?

» — Oui, Monsieur, je m'y rends et vous y conduirai.
Je vais avec plaisir revoir la Colonie.
Par elle délivré de mon ignominie,
Je puis lever la tête, affronter les défis,
Et dire avec orgueil : « Je suis un de ses fils! »

Après avoir marché quelque temps en silence,
Le jeune villageois ajouta : « Quand je pense
Combien triste et honteux pour moi fut ce passé
Que mon bonheur présent n'a qu'à peine effacé,
Je me sens parfois pris d'une sourde souffrance.
Je n'ai pas de parents, Monsieur! L'indifférence
Glaça mon premier rire et rebuta mes pleurs.
Dieu seul eût compati peut-être à mes douleurs;
Mais toujours le saint nom de celui qui nous aime
Vibrait à mon oreille escorté d'un blasphème.
Dès ma première enfance, aux vices entraîné
Par l'exemple fatal; sans guide, abandonné
A des gens qui faisaient un trafic méprisable,
D'un vol, à quatorze ans, je me rendis coupable.
Acquitté pour mon âge et mis à Fontevrault,
J'étais fait pour monter peut-être à l'échafaud.
De ces enfants souillés j'étais le plus obscène.
Un soir, à la lueur d'une lampe incertaine,
Je chantais dans la geôle une infâme chanson,
Lorsqu'un noble inconnu parut dans la prison
Et choisit dix de nous. Cet homme vénérable
Me prit, moi le plus vil et le plus misérable;
Il me fit, dans son char, asseoir auprès de lui,
Et dès le lendemain lorsque le jour a lui,
Nous étions à Mettray. L'heureuse Colonie
A nos yeux se montra souriante et bénie.
Nous, incertains du sort qui nous était promis,
Nous tremblions devant ces visages amis.
Nous admirions pourtant les chalets, la chapelle,
Et nous disions : « La vie ici doit être belle! »

Or la maison de Dieu s'ouvrit, et le pasteur
Bénit tout le troupeau; puis notre bienfaiteur
Nous dit: « Mes chers enfants, vous sortez d'esclavage;
» De votre liberté faites un bon usage.
» Vous le voyez, ici plus de geôliers méchants,
» Plus de verrous, plus rien que l'espace et les champs.
» Quiconque voudrait fuir en serait bien le maître;
» Mais il serait repris, il se ferait remettre
» Dans la prison. Ainsi, mes enfants, devant Dieu
» Prononcez le serment de ne pas fuir ce lieu.
» Songez-y; si quelqu'un ose y manquer, sa peine
» Sera moins le cachot, le pain sec et la chaîne,
» Que le crime honteux d'être lâche et menteur,
» Car il aura trahi sa parole d'honneur. »

» Dans le fond de mon cœur je crois toujours entendre
Le langage à la fois persuasif et tendre
De cet homme adoré qui, plaignant mon malheur,
Me prenant par la main, moi sans nom, moi voleur,
M'a retiré flétri de mon fangeux·repaire,
Pour m'enfanter au monde, ainsi qu'un autre père.
Il m'a lui-même instruit, par d'austères leçons,
Au noble et dur labeur qui produit les moissons,
En faisant à la fois, dans mon âme plus ferme,
Des vertus de l'honneur fructifier le germe.
Des centaines d'enfants, avec la même ardeur,
Apprenaient comme moi l'état d'agriculteur;
D'autres étaient formés pour l'active industrie.
Tous devaient faire un jour honneur à la patrie;
Car ils étaient sortis de ce sentier fatal

Qui d'erreur en erreur les eût conduits au mal,
Et faisaient leur devoir sans geôliers, sans contrainte,
Sous l'abri protecteur de la Charité sainte.

» Six jours on travaillait; mais le jour du Seigneur,
Béni par la prière, était tout au bonheur.
Quarante enfants sortaient de chaque maisonnette,
Propres, presque élégants dans leur simple toilette.
Le chef qui nous guidait, nous nous l'étions donné,
Cher élu, qui portait le nom de *Frère aîné*.
Il nous menait au temple, où nos voix argentines
S'unissaient pour chanter les louanges divines
De celui qui, pour nous, se fit homme et mortel,
Et pour nous, chaque jour, meurt encor sur l'autel.

» L'office terminé, nous restions en silence :
C'était l'heure où le chef punit et récompense.
Il parlait. Quelle joie alors, quel pur bonheur
D'être inscrit par sa main sur le *tableau d'honneur*,
D'être cité par lui, d'être offert en modèle !
Mais lorsqu'à son devoir l'un de nous infidèle
Avait démérité, quel déluge de pleurs
Du colon repentant attestait les douleurs !
Comme il se promettait fermement, à voix haute,
De ne plus retomber jamais dans cette faute,
Moins de peur d'un exil qui nous aurait flétris
Que de peur de déplaire à des maîtres chéris !
Ainsi j'ai cultivé quatre ans la Colonie
Et n'ai vu qu'un de nous subir l'ignominie
D'être accusé de vol, convaincu, puis placé

Dans un cachot obscur, enfin d'être chassé.
C'est qu'il avait, hélas! un de ces caractères
Qu'on dirait imprégnés de miasmes délétères.
Insoumis à la force, irrité par le bien,
Hors la haine et l'envie il ne ressentait rien.
Je l'ai vu dégrader. La justice publique
Arracha ses boutons, déchira sa tunique,
Proclama son opprobre et son indignité;
Puis l'habit des prisons, châtiment mérité,
Le couvrit. Il passa parmi ses camarades
En voulant essayer quelques folles bravades;
Mais les sanglots amers sortis de tous les cœurs
Imposèrent silence à ses rires moqueurs;
Et lui-même, vaincu, pâle, marchant à peine,
Aux gendarmes livré, disparut dans la plaine.

» Ce fut environné de pleurs bien plus touchants
Qu'à mon tour je quittai ce lieu, ces heureux champs
Qui m'avaient recueilli frappé par la justice,
Enfant déjà marqué des stigmates du vice,
Et me rendaient au monde utile citoyen,
Des devoirs sociaux respectant le lien,
Épuré par l'amour d'un travail salutaire,
Et laboureur actif à sillonner la terre.

» Six ans se sont passés, six ans de dur labeur.
D'un honnête fermier j'ai vécu serviteur.
L'autre jour il m'a dit : « Au sein de ma famille
» Tu vis depuis longtemps et tu chéris ma fille,
» Sois tout à fait mon fils. J'ai besoin de repos,

» Cultive donc ces champs, engraisse ces troupeaux;
» Je me contenterai, sur le seuil de la grange,
» A voir rentrer les blés ou fouler la vendange,
» A bercer au soleil, sur mes genoux tremblants,
» Tes marmots qui joûront avec mes cheveux blancs. »

» Tandis que j'écoutais ce vieillard respectable
Qui me nommait son fils, d'un bonheur véritable
Pour la première fois mon cœur a palpité;
Je me suis senti pur et réhabilité.
Mais je n'ai pas voulu conclure l'alliance,
Qui devra couronner ma nouvelle existence,
Sans avoir consulté ceux à qui je la dois;
Sans être revenu visiter une fois
Les logis fraternels à l'heureuse structure
Où j'ai vécu quatre ans, le préau de verdure,
Les champs que j'ai connus, les nombreux ateliers
Qui forment les colons à d'utiles métiers,
Et la grange, et l'étable, et tout ce que renferme
De divers instruments le jardin ou la ferme.
Quand mes chefs connaîtront mon projet d'union
Et quand j'aurai reçu leur bénédiction,
Mon cœur sera content; car eux seuls sur la terre
M'ont aimé tendrement et d'un amour de père. »

« Et vous serez heureux, mon fils, » dit un vieillard,
Sur le même chemin survenu par hasard,
Qui depuis quelque temps écoutait sans rien dire.
« Vous avez pris sur vous un immuable empire;
Constant dans le bonheur comme dans les revers,

Vous avez triomphé de vos instincts pervers.
Tout le temps que Mettray vous a servi d'asile,
Vous vous êtes montré doux, actif et docile.
Guidé par nos conseils que vous avez suivis,
D'un brave laboureur vous devenez le fils.
C'est de votre vertu l'heureuse conséquence.
Quant à nous, notre joie et notre récompense
Est dans votre bonheur. » Puis ôtant de son doigt
Un simple anneau d'argent : « Mon fils, vous avez droit
A l'estime de tous; votre conduite est sage.
De notre affection cette bague est le gage :
Du sentier des vertus ne déviez jamais.
C'est notre croix d'honneur, et je vous la remets. »

A ces mots imprévus, sentant son cœur se fondre,
Le jeune laboureur ne savait que répondre.
Enfin, des pleurs baignant son visage loyal :
« Oh! tu seras, dit-il, mon anneau nuptial.
Que Dieu, dans ses décrets, ou m'élève ou me brise,
Ma femme à mes enfants transmettra ta devise.
Quant à moi, j'y serai fidèle jusqu'au bout! »

Et sur la bague il lut : *Loyauté passe tout.*

LES

PETITES SŒURS DES PAUVRES.

———

A M. DE BEAUVAIS,
CURÉ DE SAINT-THOMAS-D'AQUIN.

D'humbles religieuses ont fondé, en 1849, une maison à Paris,
rue Saint-Jacques, 277. Cette institution recueille de pauvres
vieillards et leur donne tous les soins que la charité peut
inspirer. Les sœurs n'ont pour subvenir à leurs propres
besoins et à ceux de leurs pauvres d'autres ressources que
la charité publique. Plusieurs refuges du même genre ont
été ouverts, depuis cette époque, tant à Paris que dans
les départements.
La postérité bénira le nom de Jeanne Jugan, fondatrice de
cette œuvre, des deux jeunes filles qui l'ont aidée, Mlles Marie
Jamet et Virginie Tredaniel, et du vicaire de Saint-Servan,
M. l'abbé Le Pailleur.

Avez-vous vu passer par la ville opulente
Une femme, timide, à la marche tremblante,
   A l'accent humble et doux?
Les plis d'un voile noir enveloppent sa tête,
Et, comme une étrangère au milieu d'une fête,
   Elle s'avance parmi nous.

Si Dieu vous a donné de savoir, de comprendre
Ce qu'est la charité qui rend le cœur plus tendre,

    L'esprit plus indulgent;
Si le bienfait caché vibre au fond de votre âme,
Entourez de respects cette pieuse femme :
    C'est l'abeille de l'indigent.

Chaque jour elle sort, et, quêteuse modeste,
Va pour les malheureux butiner quelque reste,
    Quelque débris perdu,
Ou ce pain méprisé que, d'une main avare,
Les esclaves jetaient à la faim de Lazare
    Lorsque le maître était repu.

Mais plus active encor que la mouche ouvrière,
Elle n'attendra pas la tiédeur printanière
    Pour se mettre en chemin;
Elle ira par la pluie, elle ira par la neige,
Afin que ces vieillards qu'elle abrite et protége
    Aient de quoi vivre encor demain.

Que la sainte pitié dans votre cœur s'éveille :
La fleur ne ferme point sa corolle à l'abeille;
    Ne repoussez donc pas
Celle qui vient le soir, faible et pauvre elle-même,
Tout bas solliciter, pour l'indigent qu'elle aime,
    Les miettes de votre repas.

Oh! si vous connaissiez comme il faut peu de chose
    Pour produire beaucoup de bien!
De grossiers éléments un doux miel se compose :
    Bien peu suffit à qui n'a rien.

Écoutez ce qu'ont fait trois simples ouvrières,
    Sans avoir, dans leur pauvreté,
D'autre appui que le Dieu qu'invoquaient leurs prières,
    D'autre espoir que la charité.

C'était à Saint-Servan, aux côtes de Bretagne,
    Sur un sol battu par les flots,
Ces flots où l'existence avec labeur se gagne,
    Où périssent les matelots.

Là, bien des vieux marins, mutilés par l'orage,
    N'existent plus que pour souffrir;
Bien des femmes surtout, veuves par un naufrage,
    N'ont plus de pain et vont mourir.

Tant de misère émut Marie et Virginie,
    Deux jeunes filles de seize ans,
Fortes de cette foi, de ce divin génie
    Que Dieu donne aux cœurs innocents.

Leur conseil ici-bas fut un pieux vicaire,
    Un cloarec de Saint-Servan;
Leur aide, une voisine, âme simple et sincère,
    Que l'on nommait Jeanne Jugan.

Jeanne gagnait par jour, à filer de la laine,
    Un peu de pain et rien de plus.
Elle accueillit pourtant, sans mesurer sa peine,
    Une femme aux membres perclus.

Un vieillard étant mort, sa veuve octogénaire
  Restait aveugle et sans secours :
Ce fut de Jeanne encor la chambre hospitalière
  Qui s'ouvrit à ses derniers jours.

Virginie et Marie, en prolongeant leurs veilles,
  En souffrant la faim et le froid,
Parvenaient à fournir le pain de ces deux vieilles
  Que Jeanne abritait sous son toit.

Mais d'autres malheureux réclamaient leurs services;
  Les pauvres étaient leur trésor.
Un vaste asile, ouvert par de longs sacrifices,
  Reçut douze infirmes encor.

Le mal, croissant toujours, accroissait leur courage;
  Le travail remplissait la nuit.
Inutiles efforts! D'un jour entier d'ouvrage
  Une heure absorbait le produit.

C'est alors qu'on les vit aller en suppliantes
  Chercher l'obole de la faim,
Affronter les rebuts, et, saintes mendiantes,
  Pour leurs pauvres quêter du pain.

Chacun les accueillit, et chacun à l'obole,
  Au don souvent humble en effet,
Joignit le doux sourire et la douce parole
  Qui changent l'aumône en bienfait.

Le linge encor manquait. C'est toi, vierge Marie,
    Mère du pauvre dans le ciel,
C'est toi qu'on implora! Pour ta fête chérie
    Les sœurs dressèrent ton autel.

On tendit, pour orner ta modeste chapelle,
    Des lambeaux vieux et sans couleurs;
Et ces habits, qu'usa la misère cruelle,
    On les sema de blanches fleurs.

Vierge sainte! c'était une leçon austère,
    D'une triste simplicité,
Que de voir resplendir ce luxe de la terre
    Sur cette humaine pauvreté.

Aussi devant l'autel bien des passants prièrent;
    Tu rendis les cœurs généreux;
Devant tant de malheurs bien des yeux se mouillèrent,
    Et les présents furent nombreux.

Grâce à toi, Vierge sainte, à Brest, à Tours, à Nantes,
Cette institution aux œuvres surprenantes
    Partout se propage aujourd'hui.
A ces faibles vieillards que le tombeau réclame,
Outre le pain du corps offrant le pain de l'âme,
    Tu donnes ton sein pour appui.

Qu'est-il besoin d'argent pour fonder les asiles?
Ne viens-tu pas toujours, dans les temps difficiles,

Lorsqu'on t'implore avec ferveur?
Ne les conduis-tu pas par d'admirables voies,
Ces humbles sœurs du pauvre, envers qui tu déploies
    Tous les trésors de ta faveur?

Quelqu'un leur donne-t-il un terrain pour l'hospice?
Elles creusent le sol où sera l'édifice;
    Il s'élève, il est habité.
Alors chaque ouvrier refuse son salaire,
Et ne veut que l'honneur d'avoir porté sa pierre
    Au temple de la Charité.

Un matin, sans secours, sans asile, inconnues,
Cinq de ces sœurs du pauvre à Paris sont venues,
    N'ayant que Dieu seul pour soutien,
Et de tout ce qui souffre amantes indulgentes,
Ont recueilli d'abord vingt vieilles indigentes,
    Elles qui ne possèdent rien.

Aujourd'hui, par leurs soins, par leur vive tendresse,
Un peuple de vieillards qui mouraient de détresse
    Goûtent un paisible destin.
Sous l'aile du Seigneur, en qui le pauvre espère,
Tous vivent chaque jour du pain qu'à NOTRE PÈRE
    Nous demandons chaque matin.

1849.

L'INCENDIE EN MER.

A S. A. R. LE PRINCE DE JOINVILLE.

Vogue, navire aux larges voiles,
Entre le ciel brillant d'étoiles
Et la mer, abîme béant.
Sous ta mâture à triple tête,
Pourrais-tu craindre la tempête,
Toi, monarque de l'Océan?

Vogue à travers la nuit limpide!
Mais que vois-je? Un éclair rapide
S'est élancé de ton flanc noir;
Un bruit sourd gronde en ta carène,
Et la voix de ton capitaine
Jette un long cri de désespoir.

« De l'eau! de l'eau! c'est l'incendie!...
Réveillez la foule engourdie

Des matelots dans l'entre-pont! »
Partout le cri fatal résonne.
Le feu que la cale emprisonne,
Écho sinistre, lui répond.

Partout on s'empresse, on s'élance;
De la pompe qui se balance
L'eau jaillit et coule à longs flots;
Mais la flamme grandit plus vite,
Et déjà le pont qui crépite
Brûle les pieds des matelots.

Il s'élève, l'hôte implacable,
Dans les mâts, sur le moindre câble;
Et, comme un linceul agité,
Se déroule le flot avide;
Et la lueur s'étend, livide,
Sur l'effrayante immensité.

Plus d'espoir! Les marins s'embrassent;
Les bras douloureux s'entrelacent
Dans un long et funèbre adieu.
Les pleurs confus et la prière
Montent, espérance dernière,
Jusqu'au trône éternel de Dieu.

Nous entend-il, le divin Maître?
Oui! vers lui notre voix pénètre.
La mer envahit notre bord,
Le feu redouble sa furie;

Mais soudain une voix s'écrie :
« Une voile! une voile, au nord! »

Salut à toi, brick intrépide!
C'est un jeune homme qui te guide,
C'est un jeune homme aux noirs cheveux.
Il te conduit d'une main forte;
Le vent rapide qui l'apporte
Est moins rapide que ses vœux!

Il vient, béni par deux cents âmes;
Sur le vaisseau rongé de flammes,
Le premier élancé c'est lui.
A ceux que la force abandonne,
Aux blessés, aux mourants, il donne
L'espoir, le courage et l'appui.

L'œil éclatant, l'âme hardie,
Il est debout dans l'incendie
Tant qu'il reste un être en danger;
Puis, le dernier, pensif et sombre,
Il quitte le vaisseau qui sombre
Et que la mer va submerger.

Alors sa voix plaint et console;
Il a pour tous une parole,
Pour tous un serrement de main;
Et puis, retournant en arrière,
Sur une plage hospitalière
Les pose... et reprend son chemin.

Avant de nous fuir, ô jeune homme,
Dis-nous de quel nom l'on te nomme;
Et les matelots affligés
Imploreront le Dieu suprême,
Afin qu'il te protége et t'aime,
Toi qu'il envoie aux naufragés.

Combien aux bords qui t'ont vu naître
On doit aimer à te connaître!
Béni pour le bien que tu fis,
Tu dois n'avoir pas d'heure amère.
Qu'heureuse doit être ta mère
D'avoir mis au monde un tel fils!

Ceux que tu sauvas dans ta route
Ne sont pas les premiers sans doute
Que tu rends à leur cher pays.
Est-il un plus cruel partage
Que de mourir loin du rivage
Où sont morts ceux qu'on a chéris?

Le jeune homme, sans leur rien dire,
Tristement se prit à sourire,
Puis s'éloigna comme à regret.
Quand son vaisseau tourna la proue,
Des pleurs, dit-on, mouillaient sa joue;
Mais il emporta son secret.

1848.

LES ORPHELINS.

A MADEMOISELLE ADÈLE HOGUER.

LES couples du hameau s'en allaient à la danse;
C'était par un beau soir d'un dimanche de mai.
De l'archet villageois la joyeuse cadence
Réveillait les échos dans le bois embaumé.

Vesper brillait aux cieux. Sous une verte allée
Cheminaient trois enfants, un frère et ses deux sœurs.
L'aînée avait douze ans; elle allait, désolée,
Guidant les deux petits et leur cachant ses pleurs.

« Sœur, où nous mènes-tu? disait le jeune frère.
Nous suivons tous les deux ta main qui nous conduit;
Mais nous marchons déjà depuis une heure entière.
J'ai bien peur dans les bois, et voilà qu'il fait nuit. »

Or la plus grande sœur : « Allons, courage encore!
Le bon Dieu, mes chéris, ne nous oublîra pas.
Nous allons le prier; il aime qu'on l'adore. »
Et les pauvres enfants pressaient leurs faibles pas.

Puis la plus jeune : « Enfin, maman reviendra-t-elle?
Elle avait, disait-on, cessé de tant souffrir.
Est-ce bien loin d'ici que le bon Dieu l'appelle?
Et sais-tu ce que c'est, ma sœur, que de mourir? »

En écoutant ces mots, la pauvre sœur aînée
Se cachait le visage avec son tablier,
Puis reprenait sa route un pèu plus résignée,
N'espérant plus qu'en Dieu qu'ils s'en allaient prier.

Car leur mère en effet de la veille était morte;
On l'avait le matin déposée au cercueil,
Et de leur toit précaire on leur fermait la porte
Avant que l'eau bénite eût séché sur le seuil.

Depuis lors ils erraient sans appui sur la terre,
Nu-pieds, vêtus à peine, et les larmes aux yeux.
Le sentier les mena devant le presbytère;
Mais tout dans cet asile était silencieux.

Le feuillage éclairci de la charmille verte
Montrait le jardin vide et les volets fermés :
Cette porte, au malheur incessamment ouverte,
Était close aujourd'hui pour ses hôtes aimés.

L'église était auprès; sa simplicité sainte,
Ses murs vieillis disaient : Le Seigneur est ici!
Mais la foule joyeuse en avait fui l'enceinte;
La maison du Seigneur était fermée aussi.

Des tristes orphelins la marche était plus lente;
Leurs membres fatigués en demandaient la fin.
Les deux petits, pressés contre leur sœur tremblante,
S'écriaient en pleurant: « Maman, maman, j'ai faim! »

« Hélas! mes bien-aimés, elle est là, notre mère! »
Dit l'aînée, approchant d'un tertre tout nouveau.
Un seul rameau de buis, une fleur éphémère,
De la veuve du pauvre indiquaient le tombeau.

Sur la terre, à genoux tous les trois ils se mirent,
De leurs pleurs devant Dieu répandant les trésors,
Prièrent bien longtemps et bien longtemps gémirent;
Mais les pleurs aujourd'hui n'éveillent plus les morts.

Et la lune argentait la nuit pure et sereine;
Un rossignol chantait sur un haut peuplier;
On entendait parfois des rires dans la plaine,
Et les accords lointains du vieux ménétrier.

Une vieille passait alors au cimetière;
Pauvre, elle n'avait rien que des haillons hideux,
Et devait à l'aumône une étroite chaumière :
Elle vit les enfants, et seule eut pitié d'eux.

«Venez, chers orphelins, sous mon chaume qui tremble,
Dit-elle; vous aurez à souffrir bien souvent.
Mais j'ai du pain encor; nous glanerons ensemble.
Aux agneaux nouveau-nés Dieu mesure le vent. »

TABLE.

LIVRE TROISIÈME.

ACHEVÉ D'IMPRIMER PAR A. GOUVERNEUR,
A NOGENT-LE-ROTROU,
LE XX DÉCEMBRE M D CCC LXV.

PROSPER BLANCHEMAIN

POÉSIES

TOME SECOND

FOI, ESPÉRANCE ET CHARITÉ

PARIS

AUGUSTE AUBRY

Libraire de la Société des Bibliophiles Français

18, RUE SÉGUIER

1877

PROSPER BLANCHEMAIN

Poésies : T. I. Poèmes et Poésies, 3ᵘ édition ; T. II. Foi, Espérance et Charité, 2ᵉ édition ; T. III. Idéal, 2ᵉ édition ; T. IV. Fleurs de France ; T. V. Sonnets et fantaisies. Cinq vol. in-18, tirés à 500 exemplaires ; plus 55 exemplaires in-8°. Paris, Aubry, 1866-1875. (Épuisé.)

OEuvres poétiques de Vauquelin DES YVETEAUX, réunies pour la première fois. Un vol. in-8°, tiré à 300 ex. Paris, Aubry, 1854.

OEuvres inédites de RONSARD. Un vol. in-16, tiré à 310 ex., plus un tirage à 25 ex. in-fol. et 25 in-4°. Paris, Aubry, 1855.

OEuvres complètes de P. DE RONSARD. Huit vol. in-16 (Biblioth. Elzevirienne). Paris, Daffis, 1857-1867, tirés à 1200 ex. (Presque épuisé.)

OEuvres poétiques de Fr. DE MAYNARD. Trois vol. in-18. Paris, Gay, 1864-1867, tirés à 100 exemplaires.

Poésies de Jacques TAHUREAU (du Mans). Deux vol. in-18. Genève, Gay, 1868, 1869, tirés à 100 exemplaires.

Elégies de J. DOUBLET, publiées pour la Société des Bibliophiles Normands, avec une préface et des notes. Rouen, 1869, petit in-4°, tiré à 100 exemplaires.

Le Plaisir des Champs, poème cynégétique par CL. GAUCHET. Un vol. in-16 (Bibliot. Elzevirienne). Paris, Daffis, 1869,

Poésies d'OLIVIER DE MAGNY (Amours, Gayetez et Souspirs). Trois vol. petit in-4°. Turin, Gay, 1869-1870, tirés à 100 exemplaires.

OEuvres complètes de MELIN DE SAINCT-GELAYS. Trois vol. in-16 (Bibl. Elzevirienne). Paris, Daffis, 1873, tirés à 1200 exemplaires.

Rondeaulx et vers d'amour de J. MARION. In-8°. Paris, Willem, 1873, tirés à 100 exemplaires.

Vie de R. Angot de l'Esperonnière, ses Bouquets poétiques et son Chef-d'œuvre poétique, publiés pour la Société Rouennaise de Bibliophiles. Trois vol. in-4°. Rouen, 1872-1873, tirés à 55 exemplaires.

Poésies de J. TAHUREAU, du Mans. 2 vol. in-12. Paris, Jouaust, 1870, tirés à 333 exemplaires.

OEuvres de Loüise LABÉ. In-12. Paris, Jouaust, 1875, tirées à 350 exemplaires.

Poètes et Amoureuses, profils littéraires du XVIᵉ siècle. Paris, Willem, 1877, un vol. in-8°, orné de portraits.

OEuvres Poétiques de Malherbe, avec une notice et des notes. Paris, Jouaust, 1877. In-16 et in-8°.

Poésies de Courval-Sonnet. Paris, Jouaust, 1876-77. Trois vol. in-16.

Nouveaux satires et exercices de ce temps, par R. Angot de l'Eperonnière. Paris, Lemerre, 1877. In-16 elzevirien.

Sous presse : Poésies de Jean Passerat, de Marie de Romieu, etc.

POÉSIES

DE

PROSPER BLANCHEMAIN

II

Tiré à petit nombre

PROSPER BLANCHEMAIN

POÉSIES

TOME SECOND

FOI, ESPÉRANCE ET CHARITÉ

PARIS

AUGUSTE AUBRY

Libraire de la Société des Bibliophiles Français

18, RUE SÉGUIER

1877

Le linge encor manquait. C'est toi, vierge Marie,
    Mère du pauvre dans le ciel,
C'est toi qu'on implora ! Pour ta fête chérie
    Les sœurs dressèrent ton autel.

On tendit, pour orner ta modeste chapelle,
    Des lambeaux vieux et sans couleurs ;
Et ces habits, qu'usa la misère cruelle,
    On les sema de blanches fleurs.

Vierge sainte ! c'était une leçon austère,
    D'une triste simplicité,
Que de voir resplendir ce luxe de la terre
    Sur cette humaine pauvreté.

Aussi devant l'autel bien des passants prièrent ;
    Tu rendis les cœurs généreux ;
Devant tant de malheurs bien des yeux se mouillèrent,
    Et les présents furent nombreux.

Grâce à toi, Vierge sainte, à Brest, à Tours, à Nantes,
Cette institution aux œuvres surprenantes
    Partout se propage aujourd'hui.
A ces faibles vieillards que le tombeau réclame,
Outre le pain du corps offrant le pain de l'âme,
    Tu donnes ton sein pour appui.

Qu'est-il besoin d'argent pour fonder les asiles ?
Ne viens-tu pas toujours, dans les temps difficiles,

Lorsqu'on t'implore avec ferveur ?
Ne les conduis-tu pas par d'admirables voies,
Ces humbles sœurs du pauvre, envers qui tu déploies
  Tous les trésors de ta faveur ?

Quelqu'un leur donne-t-il un terrain pour l'hospice?
Elles creusent le sol où sera l'édifice ;
  Il s'élève, il est habité.
Alors chaque ouvrier refuse son salaire,
Et ne veut que l'honneur d'avoir porté sa pierre
  Au temple de la Charité.

Un matin, sans secours, sans asile, inconnues,
Cinq de ces sœurs du pauvre à Paris sont venues,
  N'ayant que Dieu seul pour soutien,
Et de tout ce qui souffre amantes indulgentes,
Ont recueilli d'abord vingt vieilles indigentes,
  Elles qui ne possèdent rien.

Aujourd'hui, par leurs soins, par leur vive tendresse,
Un peuple de vieillards qui mouraient de détresse
  Goûtent un paisible destin.
Sous l'aile du Seigneur, en qui le pauvre espère,
Tous vivent chaque jour du pain qu'à Notre Père
  Nous demandons chaque matin.

  1849.

TABLE.

―

Imprimerie Gouverneur, G. Daupeley à Nogent-le-Rotrou.

PROSPER BLANCHEMAIN

Œuvres poétiques de Vauquelin DES YVETEAUX, réunies pour la première fois. Paris, Aubry, 1854. Un vol. in-8, portrait.

Tiré à 250 exemplaires sur papier vergé, 50 sur papier vélin ou de couleur et 2 sur parchemin.

Œuvres inédites de P. DE RONSARD. Paris, Aubry, 1855. In-16.

Tiré à 300 exemplaires sur papier vergé et à 10 exemplaires sur papier de couleur. Il a été fait un tirage in-fol. à 25 exemplaires.

Œuvres complètes de P. DE RONSARD, publiées sur les textes les plus anciens avec les variantes et des notes. Paris, in-16.

Les deux premiers tomes ont été édités en 1857 et le troisième en 1858 par P. Jannet, le quatrième en 1860 par Pagnerre. La librairie Franck doit achever cette édition qui aura huit volumes. Le cinquième est sous presse.

Tiré à 1,200 ex. sur papier vergé et 12 sur papier de Chine.

Œuvres poétiques de François DE MAYNARD, membre de l'Académie Françoise, etc., réimprimées sur l'édition de Paris (A. Courbé, 1646, in-4), enrichies de variantes, revues et annotées. Paris, J. Gay, 1864. In-18.

Tiré à 100 exemplaires sur papier vergé de Hollande, plus 5 sur papier de Chine et 3 sur peau de vélin.

Un second volume, contenant la vie de Maynard, ses Poésies inédites et Philandre, poème pastoral, va être mis sous presse.

www.ingramcontent.com/pod-product-compliance
Lightning Source LLC
Chambersburg PA
CBHW072037090426
42733CB00032B/1841